개발자와의
협업을 위한
IT 필수 지식

비전공 기획자도 쉽게 배우는 IT에 관한 모든 것

개발자와의 협업을 위한 IT 필수 지식

ISBN : 978-89-314-6951-6

독자님의 의견을 받습니다.

이 책을 구입한 독자님은 영진닷컴의 가장 중요한 비평가이자 조언가입니다. 저희 책의 장점과 문제점이 무엇인지, 어떤 책이 출판되기를 바라는지, 책을 더욱 알차게 꾸밀 수 있는 아이디어가 있으면 팩스나 이메일, 또는 우편으로 연락주시기 바랍니다. 의견을 주실 때에는 책 제목 및 독자님의 성함과 연락처(전화번호나 이메일)를 꼭 남겨 주시기 바랍니다. 독자님의 의견에 대해 바로 답변을 드리고, 또 독자님의 의견을 다음 책에 충분히 반영하도록 늘 노력하겠습니다.

이메일 : support@youngjin.com

주 소 : (우)08507 서울특별시 금천구 가산디지털1로 128 STX-V타워 4층 401호
(주)영진닷컴 기획1팀

파본이나 잘못된 도서는 구입하신 곳에서 교환해 드립니다.

STAFF

저자 최선신 | **총괄** 김태경 | **기획** 최윤정 | **디자인·편집** 김유진

영업 박준용, 임용수, 김도현 | **마케팅** 이승희, 김근주, 조민영, 김민지, 김도연, 김진희, 이현아

제작 황장협 | **인쇄** 제이엠

개발자와의 협업을 위한 IT 필수 지식

비전공 기획자도 쉽게 배우는 IT에 관한 모든 것

저자 최선신

YoungJin.com Y.
영진닷컴

IT를 공부하고 싶은데 무엇을, 어떻게 해야 할지 모르겠어요!

IT 업계에는 개발을 전공하지는 않았지만 IT 기획자 및 관리자 등으로서 일하는 분들이 많습니다. 이런 분들을 만나 보면, 공통적으로 IT와 관련된 기초 및 실무 지식이 부족해서 개발 업무를 관리하거나 개발자와 소통하는 데 큰 어려움을 겪고 있었습니다.

이러한 어려움을 겪는 가장 큰 이유를 보면, 전공자를 위한 개발 및 IT 전문 교육 자료들은 많지만, 비전공 기획자 및 관리자를 위한 교육이나 자료가 너무 부족하다는 것이었습니다. 저는 이런 분들을 위해서 꼭 필요하지만 어디에서도 들을 수 없고, 누구도 명확히 알려 주지 않는 그리고 실무에 바로 적용할 수 있는 IT 지식을 알려 드리려고 합니다.

여기 유능한 기획자가 한 명 있습니다. 신규 서비스도 잘 만들어 내고, 기획도 잘하고, 커뮤니케이션도 잘하고, 아이디어도 많습니다. 회사에서 이러한 능력을 인정받아 신규 플랫폼 개발 총괄 리더가 됩니다. 기획만 하던 기존 업무에서 전체 개발 총괄 업무까지 맡게 되니 개발자와 소통해야 할 일이 많아집니다. 그리고 개발자에게 이런 질문을 듣게 됩니다.

"기획자 님! 이 화면 인풋 파라미터는 뭐로 해야 하죠?"
"총괄 님! 스트레스 테스트는 언제 하나요?"
"서비스 연계해야 하는데, 저쪽에서 방화벽을 오픈해 줘야 해요!"

개발자

비전공 기획자

　도무지 알 수 없는 이런 질문을 듣는 순간, 자신감 가득했던 기획자는 스트레스를 받고 자신감도 점점 잃어 갑니다. 그리고 이 기획자는 개발자와 소통을 원활하게 하고 자신감 있게 프로젝트를 이끌어 가기 위해서 IT 지식을 공부하겠다고 결심합니다.

　하지만 이때부터 정말 어려워집니다. "JAVA같은 개발 언어를 배워야 할까?" "데이터베이스를 배워야 하나?" 실제 IT 현장에 이런 경우가 많은데, 이때 비전공자가 만나는 어려움은 크게 3가지가 있습니다.

비전공자

첫 번째, 무엇을 공부해야 할지 자체를 모릅니다. IT 공부를 하기 위해 인터넷을 찾아보면, 대부분 프로그램 언어 개발이나 어려운 전문 지식들만 보이는데, 이런 공부를 하는 것이 지금의 상황에서 맞는 것인지 판단하기 어렵습니다.

두 번째, 고민 끝에 공부할 대상을 찾았는데, 어떻게 공부해야 할지 막막합니다. 어떤 순서로, 무엇부터, 어떻게 공부해야 할지 그 방법을 알기가 어렵습니다.

세 번째, 힘든 과정을 거치고 공부를 시작했는데 너무 어렵습니다. 이는 대부분의 IT 공부 자료들이 전공자를 대상으로 하고, 전공자가 기본으로 알고 있는 용어와 지식을 기반으로 설명하기 때문입니다. 하지만 비전공자는 기초가 없기 때문에, 전공자를 대상으로 하는 설명에 등장하는 단어, 용어 자체를 이해하기가 너무 어렵습니다.

저는 주변에서 그렇게 몇 번의 공부 시도를 하다가 결국 포기해 버리는 비전공자를 많이 봤습니다. 그래서 이 책을 통해서 비전공자가 이러한 어려움을 이겨 내고, 자신에게 꼭 필요한 IT 기초 및 실무 지식을 쉽게 쌓을 수 있도록 하겠습니다.

고민 해결 방법을 알려 드립니다. IT 전체를 보고, 꼭 필요한 것을, 쉽게!

앞서 얘기한 어려움으로 인해, 대부분의 비전공자는 임시방편으로 자신이 처한 상황에 따라서 파편적인 IT 지식을 습득하게 됩니다. 이러한 지식도 물론 도움이 되지만, 전체를 알고 보는 지식이 아니기 때문에 자신이 공부한 용어를 사용하거나 개념을 말할 때, "내가 아는 지식이 정말 맞는 건가?"라는 생각이 들면서 조심스러워집니다. 그리고 이러한 것들이 반복되면, 자신감을 잃게 됩니다.

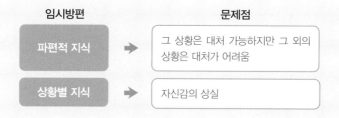

임시방편		문제점
파편적 지식	➡	그 상황은 대처 가능하지만 그 외의 상황은 대처가 어려움
상황별 지식	➡	자신감의 상실

이처럼 비전공자가 겪는 IT 공부의 어려움을 해결하기 위해서, 이 책에서는 3가지의 해결 방안을 제공합니다.

첫 번째, IT전체에 대한 이해를 도와줍니다.

전체를 볼 수 있어야 지금 내가 가진 지식이 어느 단계의 지식인지 알 수 있으며, 전후 관계를 고려하여 이 지식을 제대로 활용할 수 있습니다. 그리고 IT 업무의 각 단계에 있어서 꼭 필요한 기본 개념을 실무에서 자주 사용되는 필수 용어 및 실제 활용법과 함께 설명하므로, 기초가 되는 지식뿐만 아니라 실무에서 바로 적용할 수 있는 다양한 정보를 배울 수 있습니다.

두 번째, 꼭 필요한 필수 IT 지식을 쉽게 공부할 수 있도록 도와줍니다.

"어려운 개념을 쉽게 공부하는 것이 가능할까?"라고 생각할 수 있습니다. 이 부분이 제가 여러분에게 주고자 하는 설명의 핵심입니다. IT 지식은 모두 어려운 개념입니다. 실무 개발자와 시스템 관리자가 함께 일을 하기 위해서는 그 어려운 개념을 확실하게 다 이해해야 합니다. 하지만, 기획자 및 관리자는 그렇게 어려운 모든 개념을 다 이해할 필요가 없습니다. 꼭 필요한 개념을 개발자 수준의 지식이 아니라, 개발자와 소통하고 자신의 업무에 사용할 수 있는 만큼만 이해하는 것입니다. 앞서 설명한 개발자의 [인풋 파라미터] 질문을 예로 설명해 보겠습니다.

개발자

비전공자

　　개발자의 "기획자 님, 차량 조회 기능 [인풋 파라미터]를 무엇으로 할까요?"
라는 질문에서, 개발자는 [인풋 파라미터]란 함수의 기본 구성 요소로써, 프로세
싱을 위한 타입과 변수명을 갖는 매개변수라는 복잡하고 어려운 개념으로 알고
있습니다.

　　여러분이 이것을 다 이해하기는 어려울 것입니다. 하지만, 만약 제가 [인풋
파라미터]는 "무엇인가 처리를 하기 위해 필요한 입력 값"이라는 단순한 개념으
로 설명한다면, 여러분은 충분히 이해할 수 있을 것입니다. "아! 차량 조회 기능
[인풋 파라미터]라는 것이, 차량 조회 처리를 위한 입력 값을 물어보는 거구나!"
라고 이해하고, "[인풋 파라미터]는 차종과 차량 번호입니다"라고 답하며 개발자
와 소통할 수 있습니다.

　　저는 개발자, 기획/PM 및 사업 관리자로서 총 20년이 넘는 기간 동안 IT 업
무를 해 왔습니다. 이러한 경험을 통해서 개발자가 알고 있는 IT 지식과 기획
자 및 관리자로서 필요한 IT 지식 양쪽 모두를 잘 알고 있습니다. 그래서 두 정
보 사이에 간극이 있다는 것과 그중에서 기획자 및 관리자가 알아야 할 지식이
무엇이며, 그 지식을 어디까지 알아야 개발자와 소통이 가능한지를 정확히 알고
있습니다.

앞으로 기획자 및 관리자가 개발 관리와 소통을 위해서 꼭 알아야 할 지식을 개발자와 충분히 소통할 수 있으면서도 비전공자도 쉽게 이해할 수 있는 개념으로 설명하여, 여러분이 어려운 IT 지식을 실무에 꼭 필요한 수준으로 알 수 있도록 하겠습니다.

세 번째, 실제 업무 현장에서 즉시 활용 가능한 업무 지식을 알려 줍니다.

앞서 이야기한 바와 같이 저는 여러분과 동일한 IT 기획, PM, 사업 관리자로서 오랜 시간 일을 하며 수많은 업무의 경우와 상황을 경험했고, 각 과정에서 실제로 많이 발생하는 상황이 무엇이고 어떠한 의사 결정을 해야 하는지를 잘 알고 있습니다.

그래서 각 과정에서는 개발자의 관점을 이해할 수 있는 사전 지식을 설명하고, 꼭 알아야 할 필수 정보에 대해 설명합니다. 또한, [Learning TIP]으로 실무 현장에 자주 등장하는 용어와 사례를 설명하고, 중간중간 [개발자 대화]로 실제 개발자와 일할 때의 상황을 한눈에 알 수 있도록 하며, 마지막에 [실전 체크 사항]을 통해서 실전에 많이 나오는 상황과 이를 해결하는 방법 및 의사 결정 가이드를 제공합니다. 이러한 설명을 통해 여러분들이 확실한 자신감을 가지고 업무를 할 수 있기를 바라겠습니다.

CONTENTS 차례

PART 01 IT 전체 영역 큰 그림 보기

1.1 IT 전체 업무 큰 그림 그리기 ... 14
Data, Information, Program ... 14
IT 필수 프로세스, IT 확장 프로세스 ... 16

1.2 IT 개발 업무의 상세 프로세스 ... 21
개발의 종류(프로젝트형, 프로덕트형, 기술 개발) ... 21
개발 프로세스 ... 24

1.3 IT 개발 방법론 ... 31
개발 방법론이란? ... 31
워터폴 vs 애자일 ... 32

1.4 프로그램 개발 단계 중 비개발 부문 ... 37
기획 ... 37
디자인 ... 43
총괄 업무 ... 47

PART 02 비전공자를 위한 IT 개발 필수 지식

2.1 프로그램 개발의 기본 구조 ... 52
프로그램의 종류 - 웹과 앱 ... 53
웹 개발 구조 ... 56
앱 개발 구조 ... 59
웹과 앱의 개발자 구성 ... 62

2.2 개발 방식의 개념 및 장단점 ... 64
모바일 웹 개발 ... 65
웹 앱 개발 ... 67
네이티브 개발 ... 68
하이브리드 개발 ... 69
크로스 플랫폼 개발 ... 70

2.3 프로그램 개발 도구 및 개발 순서 ... 72
프로그램 개발 도구 ... 72
프로그램 개발 프로세스 ... 79
깃(Git)과 깃허브(GitHub) ... 83

2.4 프로그램 개발(코딩) 필수 지식   86
코딩 프로세스   87
코딩의 필수 요소   90
코딩과 관련된 주요 개념   96

2.5 외부 시스템 연계를 위한 실전 지식   102
SSO   103
외부 시스템 연계 케이스   106
정보 수집 연계 케이스   107
정보 전달 연계 케이스   112
연계 필수 체크 사항   113
REST API   114
XML과 JSON   116
매핑   117

2.6 IT 보안 필수 지식   118
보안의 분류   119
침입 방지   120
강탈 방지   122
분석 방지   124
노출 방지   132

2.7 웹과 앱 개발 필수 지식   134
웹, HTML, 웹 브라우저   135
앱 배포   142

2.8 데이터베이스 개념 및 필수 지식   146
DB(Database) 기본 개념   147
DB를 쓰는 이유   158
SQL   159
커밋과 롤백   161
SQL 관련 개발자 표현 해석   162
칼럼 타입   163
테이블 정의서   164

2.9 테스트, 배포, 오픈 및 안정화 필수 지식   166
테스트   166
배포   173
오픈 및 안정화   174

PART 03 IT 시스템 원리 및 업무 지식

3.1 서버 구성, 동작 원리 및 이용 방법   178
업무적 서버 구분   179
기능적 서버 구분   181

서버의 간단 구성 182
서버의 기본 구성 183
서버의 다중화 구성 184
서버 이용 방법 187
서버 구성 가이드 189

3.2 네트워크 구성 및 동작 원리 190
IP의 기본 개념 190
네트워크 구조 용어 194
전용선 vs VPN 200

3.3 PC의 기본 동작 원리 및 오류 대응 방법 203
PC의 주요 3요소 204
컴퓨터 프로그램 수행 과정 209
프로그램 동작 구조 212
오류 처리 케이스 215

PART 04 실무 중심의 IT 용어

4.1 IT 사업 관리 관련 용어 220
IT 시스템 개선 220
IT 사업 구분 222
입찰 방식 224
계약 226

4.2 IT 고객 관련 용어 228
고객 제안 228
고객 역할 231
고객사 시스템 233
시스템 전략 235
평가 237
커뮤니케이션 239

4.3 프로젝트 계획 단계 용어 241
WBS(Work Breakdown Structure) 241
간트 차트(Gantt chart) 242
마일스톤(Milestone) 243

4.4 주요 보고 용어 245
착수 보고 245
중간 보고 247
완료 보고 248
주간 보고 249

PART 01

IT 전체 영역
큰 그림 보기

—

이번 파트는 여러분이 IT 전체를 큰 그림으로 이해할 수 있도록 개괄적인 내용을 설명합니다. 먼저 기본이 되는 IT 필수 개념과 함께 IT 전체 업무 영역을 살펴보고, 그중 가장 중요한 프로그램 개발의 상세한 프로세스를 설명합니다. 이 설명을 통해 그동안 부분적, 파편적으로 알고 있던 지식을 전체적으로 보며 정리할 수 있습니다. 또한, IT 현장에서 많이 활용되는 개발 방법론과 프로그램 개발 단계 중 비개발 영역을 설명하여, 본격적인 IT 개발 지식을 배우기 전에 필요한 사전 지식을 준비합니다.

IT 전체 업무 큰 그림 그리기

이번 절은 IT 전체 영역 큰 그림 보기 첫 번째로, IT 이해를 위한 필수 개념과 IT 전체 업무에 대해서 설명합니다. 흔히 IT하면 개발 관련 업무만 생각하는 경우가 많은데, 실제로 IT는 개발 외에도 많은 업무가 있습니다. 전체 업무를 큰 그림으로 이해하고, 그중 개발의 위치를 정확히 알고 일을 할 수 있도록 합니다.

Data, Information, Program

IT의 다양한 지식을 활용하기 위해서는, 먼저 IT 전체 업무의 큰 그림을 알아야 합니다. 그 전에 여러분이 먼저 알고 있어야 할 중요한 개념이 바로 [Data]와 [Information]입니다.

두 가지 모두 개발자가 많이 사용하는 용어이며, 앞으로 할 많은 설명의 기초가 되는 개념입니다. 개발자의 관점에서 두 단어의 차이를 알고 있나요? 이 두 단어에는 다양한 사전적 의미가 있지만, 지금부터는 대부분의 개발자가 인식하고 구분하는 기준으로 차이를 설명하겠습니다.

생선 (Data, 데이터)	→	생선 조림 (Information, 정보)
Data (가공되지 않은 값)	→	Information (가공되어 의미 있는 값)
1,350 (숫자, Data)	→	당신의 잔고는 1,350원입니다. (잔고, Information)

[Data]는 가공되지 않은 원초적인 값, [Information]은 가공되어 의미 있는 값입니다. 간단하게 생선과 생선 조림에 비교하자면, 생선이 [Data]이고, 조림이 [Information]입니다. 어부가 바다에 나가면, 처음 아무런 가공이 되지 않은 원초적인 상태의 생선을 잡습니다. 그리고 이후 배가 항구에 도착하면 어부는 생선이 상하지 않도록 냉동하는 등 조치를 취하고, 판매 과정을 거쳐 생선을 식당으로 배달하면, 요리사는 다양한 향신료와 함께 요리를 하여 생선 조림을 만듭니다. 이 경우, 최초의 생선은 아무런 가공이 되지 않은 상태이며 우리가 먹을 수 없는 것입니다. 하지만 조림은 변경되고 가공되어 우리가 먹을 수 있는 상태가 됩니다.

[Data]와 [Information]이 이와 동일한 관계입니다. [Data]는 아무런 가공이 되지 않은 원초적인 값입니다. 하지만 이 [Data]가 가공이라는 과정을 거쳐 우리에게 의미 있는 것을 제공해 주면 그것을 [Information]이라고 합니다.

실제 값을 예로 들어 보겠습니다. '1,350'이라는 숫자가 있습니다. 아무런 가공이 되지 않는 이 순수한 숫자는 [Data]입니다. 숫자만 보면 별 의미가 없습니다. 하지만, 이 숫자에 '당신의 잔고'를 의미한다는 내용을 붙여 가공하면 '당신의 잔고는 1,350원입니다'라는 [Information]이 되며, 이것은 큰 의미를 갖게 됩니다. '1,350'을 [Data]로 볼 때는 별 의미가 없었지만, [Information]이 되면 '아! 잔고가 충분한 줄 알았는데 큰일이네?'라고 생각하면서 돈을 아끼게 되는 등 행동에 영향을 주는, 의미 있는 것이 됩니다.

비전공자는 [Data]와 [Information]을 크게 구분하지 않고 사용하거나 의미에 차이를 두지 않지만, 개발자는 이 두 가지를 명확하게 구분합니다. 비전공자도 두 개념의 확실한 차이를 알고 바르게 사용해야 합니다. 그 이유는 개발자가 만드는 [Program]이 바로 이 [Data]를 수집하여 [Information]으로 가공하고, 그것을 필요로 하는 사람에게 컴퓨터, 휴대폰과 같은 전자기기를 통한 서비스로 제공하기 때문입니다.

더 상세히 설명하자면, [Program] 개발은 [Data]를 수집하여 [Data]의 보관 장소인 [Database]라는 곳에 넣고, 필요 시 [Data]를 꺼내어 정보를 추가하거나 계산하는 등의 가공을 거쳐서, 사용자가 [Information]이라는 최종 형태로 볼 수 있도록 전자적인 도구인 앱(App)이나 웹(Web) 등을 만드는 일입니다.

그래서 정규적인 교육 과정을 거친 개발자들은 [Data]와 [Information]을 혼동하지 않고 명확히 구분하며, 자신과 커뮤니케이션하는 대상이 해당 용어를 혼용하는 것을 바라지 않기 때문에 우리도 정확한 의미를 알고 이를 구분하여 사용해야 합니다.

IT 필수 프로세스, IT 확장 프로세스

IT 전체 그림을 알아보기에 앞서, IT의 정의에 대해서 알아보겠습니다. IT는 Information Technology의 약어입니다. 그대로 해석하자면, 의미 있는 정보(Information)를 제공해 주는 기술(Technology)입니다. 즉, IT는 공급자가 기술을 통해서 [Data]를 수집하고 가공하여 [Information]으로 만들고, 그것을 수요자에게 전달하면 수요자가 최종으로 사용하게 되는 전 과정을 말합니다.

이 책을 보는 여러분은 IT에서 공급자의 역할을 하는 분들로서, 지금부터 IT 전 과정을 공급자의 관점에서 설명하겠습니다. 쉬운 설명을 위해서 IT 전 과정을 [필수 프로세스]와 [확장 프로세스]로 구분했습니다. [필수 프로세스]는 정보가 사용자에게 전달되기까지 반드시 있어야 하는 프로세스이고, [확장 프로세스]는 그것을 좀 더 잘 수행하기 위해서 진행되는 프로세스입니다.

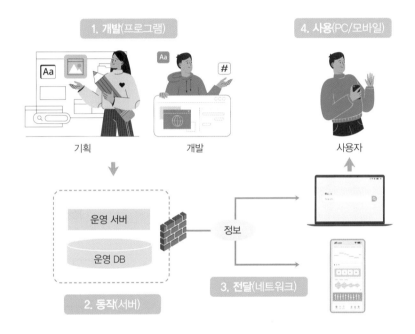

먼저 IT 필수 프로세스입니다.

첫 번째는 개발입니다. 사용자에게 서비스를 제공하기 위해서 [Data]를 수집하고 가공하여 만든 [Information]을 제공할 수 있는 [앱]이나 [웹]과 같은 프로그램을 개발하는 단계입니다.

두 번째는 배포입니다. 개발된 프로그램을 다수의 사용자가 사용하기 위해서는 프로그램을 동작시키는 과정이 필요한데, 이것을 배포라고 합니다. 개발자가 만든 프로그램을 사용자가 문제없이 사용하도록, 서버라고 하는 성능이 좋은 컴퓨터에 설치해서 동작시키거나, 앱의 경우 스토어에 등록해서 이용자가 다운로드받아서 쓸 수 있도록 하는 단계입니다.

세 번째는 전달입니다. 서버에 보관된 유용한 정보를 배포가 완료된 프로그램을 통해 멀리 있는 사용자에게 전달하는 과정입니다. 이때 정보를 사용자에게 전달하기 위한 통로를 [네트워크]라고 하며, 이 [네트워크]라는 단어는 물리적 장비, S/W 프로그램, 논리적 개념을 통틀어서 광범위하게 사용됩니다.

네 번째는 사용입니다. 사용자가 PC나 모바일 등의 전자 장비를 이용해서 웹에 접속하거나 프로그램을 설치하고 사용하는 과정입니다.

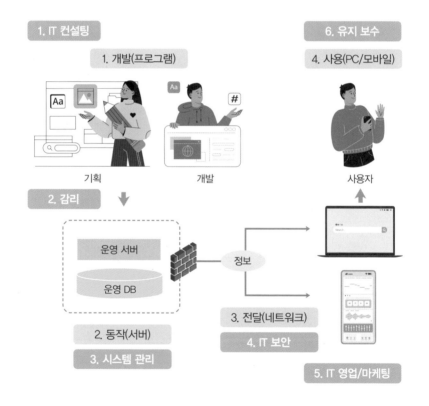

다음은 IT 확장 프로세스입니다. IT가 더 잘 운용되기 위해 추가되는 과정으로써, 확장 프로세스의 업무가 어디에 위치하며, 어떠한 일인지에 대한 간단한

개념만 이해하여도 됩니다. 확장 프로세스는 IT 컨설팅, 감리, 시스템 관리, IT 보안, IT 영업/마케팅, 유지 보수의 단계가 있습니다.

첫 번째는 IT 컨설팅입니다. 개발을 하다 보면 사전에 계획이나 설계가 부족해서 개발이 잘못되거나 효율적이지 않은 경우가 발생합니다. 그래서 개발 전에 고객의 요구를 분석하여 장기적인 IT 계획을 세우고, 만들 시스템에 대한 가이드를 주며, 시스템의 구성을 설계하는데, 이것을 IT 컨설팅이라고 하며, 이러한 일을 하는 사람들을 IT 컨설턴트라고 부릅니다.

두 번째는 감리입니다. 개발을 하다 보면 원래의 계획과 다르게 프로그램이 만들어지거나, 프로그램에 오류가 발생하거나, 해야 할 일을 다 하지 않는 등 프로그램의 품질이 떨어지는 경우가 종종 발생합니다. 그래서 목표한 대로 개발이 진행되도록, 제3자가 감시 및 관리를 해 주어야 합니다. 이를 감리라고 하며, 이러한 일을 하는 사람을 IT 감리사 혹은 정보시스템감리사 등의 이름으로 부릅니다.

세 번째는 시스템 관리입니다. 개발이 완료된 프로그램을 배포하기 위해서는 고성능의 서버가 있어야 합니다. 그래서 서버를 구매하고, 설치하고, 관리하는 시스템 관리 업무가 필요합니다. 이러한 일을 하는 사람들을 시스템 관리자, 서버 관리자, 시스템 엔지니어 등으로 다양하게 부릅니다.

네 번째는 IT 보안입니다. 정보가 전달되는 과정에서 이것이 뺏기거나, 손상되거나, 악의적으로 도용되어 사용자에게 피해를 주는 일이 발생하기도 합니다. 그래서 전달 과정에서 정보를 보호할 필요가 있는데, 이를 IT 보안이라고 합니다. 이러한 일을 하는 사람을 보안 관리자라고 칭하며, 회사나 조직에 따라서 다양한 이름으로 부르기도 합니다.

다섯 번째는 IT 영업/마케팅입니다. 사용자가 프로그램을 사용할 때, 이를 바로 찾아서 쓰는 경우도 있지만 보통은 사전에 누군가가 사용자에게 "이 프로그램 좋으니 한번 써 보세요"라는 메시지를 전달합니다. 때로는 누군가 와서 프로그램을 써 보라고 직접 영업하기도 하고, TV나 다양한 매체 광고를 통해서 홍보하기도 합니다. 이런 단계를 영업 마케팅이라고 합니다. 이때, 특정 고객을 대상으로 직접 판매하는 것을 IT 영업 혹은 IT 기술 영업이라고 하고, 불특정 다수에게 매체를 통해 홍보하는 일을 좁은 의미의 IT 마케팅이라고 합니다.

여섯 번째는 유지 보수입니다. 프로그램을 쓰다가 오류나 고장이 생겼을 때, 사용자는 프로그램 제공자에게 이를 신고하고 해결을 위한 도움을 받게 되는데, 이런 과정을 유지 보수라고 합니다. 이 분야는 불만을 접수하고 처리하는 콜센터부터 운영 개발, 현장 방문 수리를 하는 분들까지 다양한 직종이 있습니다.

지금까지 IT 전체 프로세스를 확인했습니다. IT는 단순히 개발뿐만 아니라 광범위한 과정을 포함하고 있습니다. 항상 이 프로세스의 전체적인 그림과 각 단계별 업무가 무엇인지, 그 앞뒤 과정에 무엇이 있는지를 기억해 주기를 바랍니다.

IT 개발 업무의 상세 프로세스

이번 절은 IT 전체 영역 큰 그림 보기 두 번째로, IT 전체 그림 중 개발을 진행하는 단계에 대해서 상세하게 설명합니다. 참고로 개발은 다른 단계와 달리, 복잡한 프로세스로 되어 있습니다. 그래서 개발 진행에 있어 반드시 필요한 프로세스를 단계별로 설명하고, 이런 프로세스를 실제로 적용하는 방법론 중 대표적으로 이용되는 워터폴과 애자일에 대해서 이야기하겠습니다.

개발의 종류(프로젝트형, 프로덕트형, 기술 개발)

본격적인 개발 프로세스를 설명하기 전에, 현장에서 진행되는 개발을 3가지로 분류하고 각 개발의 특성에 대해서 알아보겠습니다. 개발 분류를 먼저 설명하는 이유는 같은 프로세스를 거치더라도 개발 종류에 따라서 진행하는 방식에 차이가 있기 때문입니다. 지금부터 설명할 분류는 이를 설명하기 위해 제가 분류한 기준임을 미리 말씀드립니다.

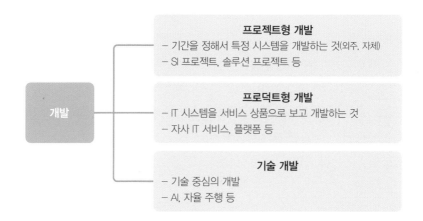

개발

프로젝트형 개발
– 기간을 정해서 특정 시스템을 개발하는 것(외주, 자체)
– SI 프로젝트, 솔루션 프로젝트 등

프로덕트형 개발
– IT 시스템을 서비스 상품으로 보고 개발하는 것
– 자사 IT 서비스, 플랫폼 등

기술 개발
– 기술 중심의 개발
– AI, 자율 주행 등

개발은 크게 프로젝트형 개발, 프로덕트형 개발, 기술 개발로 구분할 수 있습니다. 참고로, 실제 IT 현장에는 무수히 많은 종류의 개발이 있으며, 개발 종류가 명확하게 분류되어 있지는 않습니다.

첫 번째는 프로젝트형 개발입니다. 개발에 필요한 요구 사항을 사전에 확정하고, 해당 요구 사항에 맞춰 정해진 기간 내에 프로그램을 만드는 형태의 개발입니다. 대표적인 예로 SI 개발이나 솔루션 프로젝트 등을 들 수 있습니다. 고객사가 개발에 필요한 요구 사항을 사전에 정의하여 프로젝트를 발주하고, 개발을 수행하는 회사를 선정하고, 선정된 개발사와 요구 사항에 대한 범위 및 방법에 대해서 협의 후 최종 계약을 합니다. 계약 기간 내에 약속된 요구 사항을 잘 개발하는 것이 목적인 개발입니다. 대부분 시스템을 이용할 고객사가, 프로그램을 전문으로 만드는 회사에 개발을 맡기는 형태의 개발이며 IT 시장에서 가장 많이 진행되는 개발 형태입니다.

두 번째는 프로덕트형 개발로, IT 시스템을 상품(프로덕트)으로 보고 계속 발전시켜 나가는 개발입니다. 예를 들어, 어떤 회사가 매매 플랫폼을 만들었다고 합시다. 그 회사는 이 IT 플랫폼이 자사의 비즈니스 모델이자 서비스 상품이기 때문에, 계속해서 아이디어를 내고 발전시켜 나갑니다. 즉, 개발 요구 사항이나 기간이 정해져 있는 것이 아니라, 지속적으로 시장 상황을 보면서 자신들의 IT 상품을 발전시킬 아이디어를 스스로 고민하고 개발해 나가는 형태의 개발입니다. 많은 경우, IT 서비스를 제공하는 회사에서 내부 개발 팀을 통해 자신들의 서비스 상품을 직접 개발 및 발전시켜 갑니다.

세 번째는 기술 개발로, 완성된 프로그램이 서비스의 형태가 아니라 기술의 형태인 개발입니다. 이 기술을 제3의 다른 서비스에 응용할 수 있도록 하는 것입니다. 예를 들면, 별도로 개발된 자율 주행 기술이 자동차 제조사에서 자율 주행 서비스 차를 만드는 데 사용되는데, 이때 자율 주행 기술과 같은 개발을 말합니다. 최근에 많이 들리는 AI 등이 이러한 기술 개발의 대표적인 사례로 볼 수 있습니다.

프로젝트형 개발	➡	• 정해진 기간 내에 정해진 일을 해야 함 • 고객이 확정, 고객과의 대화가 가능 • 고객의 요구 사항 확인 중요
프로덕트형 개발	➡	• 프로덕트를 계속 발전시키는 개발 • 서비스를 받는 모든 사람이 고객 • 고객을 타깃화하고 그들이 좋아할 것을 고민하고 개발
기술 개발	➡	• 시간과 목표를 확정하고 개발 • 고객을 타깃화한 서비스 개발이 아닌, 기술 자체를 개발 • 고객이 또 다른 개발 회사인 경우가 많음

프로젝트형 개발의 가장 중요한 특징은 정해진 기간 내에 정해진 요구 사항을 성공적으로 개발하는 것입니다. 사전에 요구 사항을 정하고, 합당한 비용으로 계약을 하고 일을 합니다. 따라서 약속된 요구 사항에 따라 시스템을 잘 만드는 것에 중점을 두어야 하며, 계약에 없는 신규 요구 사항은 고려하지 않습니다. 혹시 중간에 요구 사항이 발생하면 협의 및 별도 계약을 통해서 따로 개발합니다. 프로젝트형 개발은 계약을 진행한 고객이 원하는 요구 사항을 계약 기간 내에 완료하는 것이 가장 중요합니다.

프로덕트형 개발은 상품을 계속 발전시키는 개발입니다. 정해진 기간이나 사전 요구 사항에 집중하는 것이 아니라, 서비스를 성공시키기 위해서 고객을 분석하고, 더 좋은 서비스 제공을 위해서 계속 고민하고, 아이디어를 내고, 개발하고, 고객의 반응을 보고 또 고민하는 과정을 반복합니다. 프로덕트형 개발은 서비스의 대상이 되는 고객을 분석하고, 그들이 좋아할 만한 서비스를 계속해서 발전시켜 가는 것이 가장 중요합니다.

기술 개발은 시간과 목표를 정하고 개발을 하는데, 이 목표, 즉 요구 사항을 외부에서 찾는 것이 아니라 내부의 기술 리더가 분석한 기술력에 따라 정의하고 개발하는 경우가 많습니다. 이때 기술 리더는 최종 고객을 일반 사용자가 아닌 자신들의 기술을 이용하여 서비스를 제공할 제2의 회사로 두고, 그들이 필요로 하는 것에 집중합니다. 소통보다는 개발될 기술의 기능 및 스펙에 집중합니다.

개발 프로세스

모든 개발은 지금부터 다룰 개발 프로세스를 기본으로 합니다. 그리고 이 프로세스는 동일한 과정의 일을 하더라도 앞에서 설명한 개발 종류에 따라서 다른 방식으로 하거나, 특정 단계가 생략되거나, 몇 가지 단계를 병합해서 진행할 수도 있습니다. 개발 프로세스는 기본적으로 기획, 디자인, 개발, 테스트, 배포, 오픈/안정화의 6단계를 거칩니다. 각 단계에 대해서 자세히 알아보겠습니다.

프로그램 개발	
기획	무엇을 만들지 분석 및 설계
디자인	프로그램을 예쁘게 만드는 것
개발	프로그램 기능이 동작하게 만드는 것
테스트	프로그램이 잘 작동하는지 확인
배포	다른 사람이 쓸 수 있게 전달
오픈/안정화	시스템 오픈 및 안정적으로 쓰도록 만드는 것

• **1단계 : 기획**

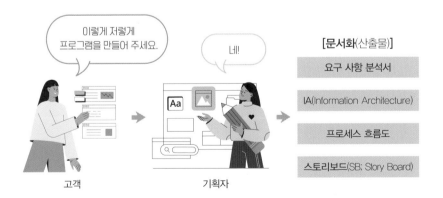

이렇게 저렇게 프로그램을 만들어 주세요.

네!

[문서화(산출물)]

요구 사항 분석서

IA(Information Architecture)

프로세스 흐름도

스토리보드(SB; Story Board)

고객

기획자

고객이 무엇을 만들고 싶어 하는지 찾고, 그것을 개발자가 개발할 수 있도록 문서화 작업을 하는 단계입니다. 이때 이 일을 하는 사람을 기획자라고 합니다. 기획자는 "우리 프로그램을 이런 방식으로 만들어 주세요"라고 하는 고객의 요구 사항을 듣고, 이를 분석한 문서를 만듭니다. 분석된 요구 사항을 설계하는 문서, 실제 설계된 내용을 개발자가 보고 개발할 수 있도록 하는 스토리보드라고 하는 화면 형태의 산출물을 만드는 것입니다. 스토리보드는 실제 구현될 프로그램의 그림을 그리고 기능을 자세히 설명한 문서입니다. 기획, 디자인에 관한 부분은 다음 절에서 더 자세히 설명하겠습니다.

이러한 기획 업무는 개발의 종류에 따라 진행 방식이 조금씩 달라집니다.

프로젝트형 개발은 고객사의 직원과 협의된 요구 사항을 어떻게 구현할지 분석하는 것이 핵심입니다. 프로덕트형 개발은 서비스를 이용할 고객을 타깃화한 후, 그 고객에게 직접 물어보는 것이 아니라 시장 분석 등의 분석을 통해, 그들이 선호하는 서비스 요구 사항을 내부 회의 등을 거쳐 찾아내는 것이 핵심입니다

다. 기술 개발은 요구 사항이나 서비스의 관점이 아니라 기술 중심의 관점으로 우리가 무엇을 어디까지 할 수 있는지에 대한 기술 리더의 요구를 중심으로 분석 업무를 하게 됩니다.

- **2단계 : 디자인**

스토리보드　　　　　　예쁜 실제 화면

기획자　　　　　　디자이너

　　　디자인은 기획자로부터 스토리보드를 전달받고, 그것을 토대로 사용자가 사용할 수 있는 프로그램을 예쁘게 만드는 작업입니다. 위의 그림을 보면, 기획자는 단순한 모양이 그려진 그림을 건네고, 디자이너는 이 그림에 레이아웃, 색상 적용 등 다양한 디자인 요소를 넣어 예쁘게 만듭니다. 이때, 기술 개발은 실제 디자인 화면 없이 보이지 않는 기술만으로 개발되는 경우도 있습니다.

> **Learning TIP**
>
> 디자인은 다른 개발 단계와 달리 기술보다는 미적인 요소를 중시하는 업무입니다. 이때 의사 결정을 하는 고객의 미적 기준에 맞추는 것은 중요하지만 어려운 일입니다. 그래서 의사 결정 과정이 길어지거나 번복되는 경우가 상당히 많은데, 이것은 다음 단계인 개발에 직접적이며 큰 영향을 끼칩니다. 따라서 디자인 단계 진행 시에는 가능한 한 빠르게 의사 결정자에게 디자인을 공유하고, 빠른 의사 결정 및 확정이 되도록 해야 합니다.

• 3단계 : 개발

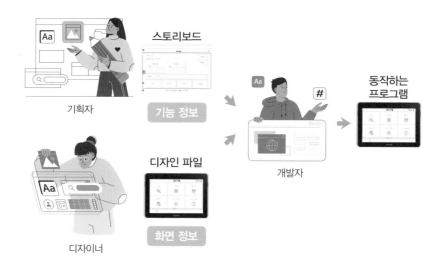

스토리보드

기능 정보

기획자

디자인 파일

화면 정보

디자이너

동작하는
프로그램

개발자

개발은 기획자가 스토리보드를 통해 만든 기능 사항을 확인하고 디자이너가 만들어 준 예쁜 화면을 받아서, 실제 정상적으로 동작하는, 디자인이 적용된 프로그램을 만드는 일을 합니다. 프로그램 개발 단계에서 가장 중요한 단계입니다. 이때 디자인과 개발 사이에 '퍼블리싱'이라는 중간 단계가 있습니다. 이 단계는 앱 개발에는 없고, 웹 기반의 개발에만 있는 단계입니다.

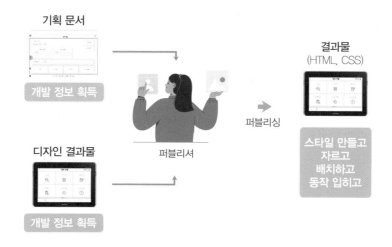

기획 문서

개발 정보 획득

결과물
(HTML, CSS)

퍼블리싱

디자인 결과물

퍼블리셔

스타일 만들고
자르고
배치하고
동작 입히고

개발 정보 획득

디자이너가 개발자에게 디자인 이미지를 전달할 때, 우리가 흔히 아는 입력 창 및 버튼을 누르면 클릭이 되는 웹 페이지(HTML)를 주는 것이 아니라, 화면의 전체 이미지를 하나의 그림 형태로 줍니다. 그래서 개발을 위해서는 디자이너가 전달한 화면의 스타일을 만들고, 자르고, 배치하고, 버튼을 누르면 클릭이 되는 등 실제 기능이 들어가기 바로 전 단계의 작업이 필요합니다. 이것을 '퍼블리싱'이라고 합니다. 개발 회사에 따라서는 웹(서버)을 개발하는 개발자가 직접 이런 일을 하는 경우도 있고, 이러한 작업만을 별도로 하는 사람을 두고 일하는 경우도 있는데, 이러한 사람을 퍼블리셔라고 부릅니다.

• 4단계 : 테스트

개발이 완료되면 완성된 프로그램이 정상적으로 작동하는지 실제 점검을 하는데 이것을 테스트라고 합니다. 이때 테스트는 회사마다 QA라는 품질관리 팀을 두고 진행하기도 하고, 관련된 모든 사람들이 함께 하는 경우도 있습니다. 테스트는 여러 가지 방법으로 진행됩니다. 기본적으로는 단위 테스트로 단순한 기능 테스트를 먼저 하고, 통합 테스트로 전체 서비스의 프로세스를 테스트하는 방식을 많이 이용합니다.

• 5단계 : 배포

개발자

개발 서버　운영 서버
설치

안드로이드 마켓　iOS 앱스토어
등록

　테스트가 끝난 프로그램은 배포를 통해서 사용자가 서비스를 이용할 수 있게 됩니다. 이때 일반 웹을 기반으로 하는 프로그램은 서버라고 하는 고사양의 컴퓨터에 프로그램을 설치하는 방식으로 배포되고, 앱은 사용자가 직접 다운로드받을 수 있도록 앱스토어나 마켓에 앱을 등록하는 방식으로 배포됩니다. 웹의 경우 웹 브라우저(크롬 등)를 통해서 접속하고, 앱은 다운로드받은 앱을 통해서 서비스를 이용할 수 있습니다.

• 6단계 : 오픈/안정화

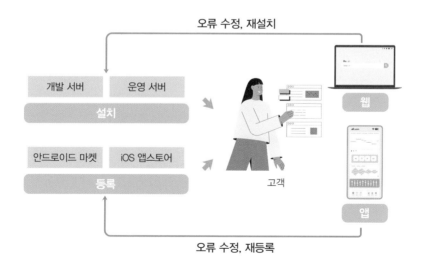

오류 수정, 재설치

개발 서버　운영 서버
설치

안드로이드 마켓　iOS 앱스토어
등록

고객

웹

앱

오류 수정, 재등록

배포된 프로그램을 사용자가 웹이나 앱을 통해서 이용할 수 있도록 서비스를 열어 주는 것을 오픈이라고 합니다. 그리고 서비스 중인 프로그램에 문제가 있는지 감시하고 보완하는 작업을 오픈 이후 일정 기간 동안 하게 되는데 이것을 안정화라고 합니다.

지금까지 개발을 위한 전체 프로세스에 대해서 간략하게 설명하였습니다. 각 단계에 대해서는 이후에 좀 더 자세히 알아보겠습니다. 이번 절에서는 전체 프로세스의 단계별 역할과 순서를 중심으로 이해하도록 합니다.

IT 개발 방법론

이번 절은 IT 전체 영역 큰 그림 보기 세 번째로, 개발 방법론에 대해 설명하겠습니다. IT 현장에서는 다양한 개발 방법론을 사용하는데, 그중 가장 대표적인 방법론 2개를 알아봅니다. 이 절을 통해 현장에서 해당 방법론을 만났을 때, 잘 적응할 수 있을 것입니다.

개발 방법론이란?

개발 프로세스는 개발을 위한 과정인데, 이러한 과정에 적용하기 위한 여러 가지 개발 방법론이 있습니다. 간단한 예로, 설거지를 할 때 [설거지할 그릇을 모은다 → 세제로 씻는다 → 깨끗한 물로 헹군다]가 설거지의 프로세스라면, 모든 그릇을 한번에 모아서 씻고 헹구는 방법도 있고, 전체 중 20%를 모아서 씻고 헹구는 과정을 5번 반복해서 설거지하는 방법도 있습니다. 양쪽 모두 기본적으로 설거지를 하는 프로세스는 거치되 이것을 적용하는 방법이 다른데, 개발도 이와 동일합니다. 개발 프로세스는 거치되 이것을 다양한 방식으로 적용할 수 있는 것입니다.

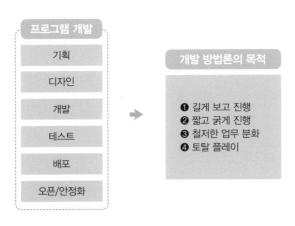

프로그램 개발
- 기획
- 디자인
- 개발
- 테스트
- 배포
- 오픈/안정화

개발 방법론의 목적
❶ 길게 보고 진행
❷ 짧고 굵게 진행
❸ 철저한 업무 분화
❹ 토탈 플레이

이런 개발 방법론은 IT 현장에서 다양하게 적용됩니다. 개발 계획을 길게 두고 진행하려는 목적, 짧은 기간에 효과적으로 진행하려는 목적, 업무 분화를 철저히 해서 진행하려는 목적, 특정 다능한 인력을 효율적으로 활용하려는 목적 등 다양한 목적이 있습니다. 그리고 이 목적에 따른 다양한 개발 방법론이 있습니다.

워터폴 vs 애자일

워터폴(폭포수형)
– 전통적 방법론
– 개발 프로세스를 하나의 주기로,
한 번에 수행

VS

애자일(스크럼)
– 최근 트렌드 방법론
– 공정, 도구보다 소통과
협력을 통한 빠른 변화 대응

개발 방법론 중 가장 많이 사용되는 것은 워터폴과 애자일(스크럼)입니다.

워터폴은 오래 전부터 사용된 전통적인 개발 방법론으로, 폭포수 방법론이라고도 합니다. 폭포는 물이 위에서 아래로 순서대로 떨어지고 한 번 떨어진 물은 올라갈 수 없듯이, 개발을 할 때 전체 기간을 한 번의 프로세스로 쭉 진행하고 끝내는 형태의 개발입니다.

워터폴이 한 번의 프로세스로 끝내는 직선적인 개발 방식이라면, 애자일은 전체 개발 기간을 특정 기간으로 나누어 개발 프로세스를 여러 번 반복하여 진행하는 방식입니다. 애자일은 정확히 말하면 방법론 상위의 개념인데, 일반적으로 워터폴과 애자일을 비교하는 경우가 많아서 동일하게 비교해 보겠습니다.

• 워터폴 방법론

1. 기본 개념
– 폭포가 떨어지듯이 순차적/단방향으로

2. 수행 방법
– 프로젝트 기간 동안 개발 사이클을 크게 1번 진행
– 분석/설계 → 디자인 → 개발 → 테스트 → 오픈/안정화

3. 장/단점
– 장점 : 안정적이고 관리가 용이한 방법론
– 단점 : 변화에 대한 대응이 어려움

4. 적용 분야
– 프로젝트형 개발, SI 개발, 외주 개발
– 안정적 운영을 필요로 하는 조직

워터폴은 폭포에서 물이 떨어지듯이 순차적으로 단방향으로 개발을 진행합니다. 예를 들어 6개월짜리 프로젝트라면 기획 1개월, 디자인 1개월, 개발 2개월, 테스트 및 오픈 1개월, 안정화 1개월로 일정을 정하고, 순서대로 한 번씩만 진행하는 방식입니다.

워터폴 방식은 최초 단계인 기획에서 확정된 요구 사항을 기준으로 개발이 끝까지 진행됩니다. 정해진 규칙을 따라 진행되므로 안정적인 프로젝트 관리가 가능합니다. 하지만 중간에 특정한 이유로 요구 사항이 추가되거나 조정되는 것에 대한 대응이 어렵습니다.

워터폴은 앞서 설명한 개발 종류 중 프로젝트형 개발과 가장 잘 맞는 방법론입니다. 특정 기간 동안 정해진 일을 안정적으로 수행하는 데 최적화되어 있기 때문입니다. 특히 관리 과정이나 구조가 단순하여 관리가 용이하고, 각 단계의 역할을 맡은 사람은 자신의 일만 수행하면 되며, 인력의 이탈 등 조직이 조금 불안해도 대체 인력을 통해 문제를 최소화하여 안정적으로 관리할 수 있습니다.

• 애자일(스크럼) 방법론

애자일은 소통과 협력을 통해서 빠른 변화에 대응하기 위한 가치 및 정신입니다. 아래는 애자일의 4대 가치입니다.

1. 공정과 도구보다 "개인과 상호작용"을
2. 포괄적인 문서보다 "작동하는 소프트웨어"를
3. 계약 협상보다 "고객과의 협력"을
4. 계획을 따르기보다 "변화에 대응하기"를

이런 애자일의 가치를 개발에 적용하기 위한 몇 가지 개발 방법론이 나오는데 그중 대표적인 것이 스크럼입니다.

1. 기본 개념
− 구성원/고객과의 원활한 소통, 변화에 대응

2. 수행 방법
− 백로그 → 스프린트 계획 회의(스프린트 백로그) → 스프린트 → 일일 스크럼 회의 → 스프린트 검토 회의 → 스프린트 회고

3. 장/단점
− 장점 : 개발 효율의 최대화, 품질 안정, 변화 대응
− 단점 : 각 구성원의 성숙도에 따른 리스크

4. 적용 분야
− 프로덕트형 개발, 시스템 운영 개발, 내부 개발
− 구성원 성숙도가 높고 원팀의 개념으로 일하는 곳

워터폴이 전체 기간 동안 한 번의 주기로 개발하는 방법론이라면, 스크럼은 개발 프로세스의 주기를 단기로 나누어, 해당 주기를 반복해서 진행하는 개발 방법론입니다. 이때 단기의 주기를 통상 2~4주로 잡는데, 이 주기를 스프린트라고 합니다.

진행 순서는 위 그림의 2번에서 보는 바와 같이, 백로그라는 요구 사항 정의 문서를 만들고, 스프린트(주기) 계획 회의를 진행합니다. 이 회의에서 스프린트 중에 개발할 요구 사항을 스프린트 백로그에 정리합니다. 이때 상세한 업무 정의 및 업무 분배까지 하여 기획, 디자인, 개발을 진행합니다. 스프린트 기간 동안에는 매일 일일 스크럼 회의를 진행하며, 15~20분 정도 되는 짧은 시간 동안 매일의 진척도 확인, 방해 요소 제거 등의 협의를 진행합니다. 이렇게 스프린트 주기가 지나면 스프린트 검토 회의를 통해 요구 사항에 맞게 잘 개발되었는지, 품질은 괜찮은지, 효율적인 진행을 위해 개선해야 할 점은 무엇인지 등을 검토합니다. 그리고 이러한 내용을 스프린트 회고에 남기고 다음 스프린트 주기를 진행합니다.

스크럼 방식의 방법론은 스프린트라는 단기간의 주기 동안 진행 상황을 거의 매일 체크하여 개발 및 품질을 관리하고 요구 사항을 반영하여 일을 하기 때문에, 변화에 잘 대응하고 높은 품질의 개발을 이끌어 낼 수 있습니다. 하지만 2~4주간 빈틈없는 일정과 관리를 통해 업무가 진행되다 보니, 해당 과정을 잘 따라가는 성숙한 멤버들로 이루어진 조직이라면 괜찮지만, 그렇지 않은 경우에는 진행에 어려움을 겪는 경우가 많습니다.

스크럼은 개발 종류 중 지속적인 변화에 대응해야 하는 프로덕트형 개발에 잘 어울리는 편이며, 구성원의 성숙도가 높은 조직, 그리고 너무 크지 않은 조직에서 효과적으로 사용됩니다.

참고로 방법론을 얘기할 때는 좋고 나쁨의 방식으로 봐서는 안 됩니다. 모든 방법론에는 장점과 단점이 공존하며, 방법론의 장점과 단점을 파악하여 내가 진행할 프로젝트와 맞는지를 판단하여 진행해야 합니다.

🔖 실전 체크 사항

❶ 조직의 성숙도에 따른 개발 방법론

- 워터폴 : 조직의 성숙도가 낮고 급조된 팀으로 운영되는 경우

   (**예** 프로젝트형 개발과 같이 정해진 팀이 계속 같이 일하는 것이 아니라 프로젝트에 따라서 새로운 사람, 새로운 조직을 구성해서 계속 변화하며 일을 하는 경우)

- 애자일 : 조직의 성숙도가 높고, 팀워크가 보장된 팀으로 운영되는 경우

   (**예** IT 서비스 기반 스타트업에서 오랫동안 손발을 맞춘 팀이 같이 일하는 경우)

❷ 요구 사항에 따른 방법론

- 워터폴 : 개발 기간 동안 초기 분석 설계 이후 변경 사항이 적은 개발의 경우

- 애자일 : 개발 기간 동안 계속적인 발전이 필요하며, 변경에 빠른 대응이 필요한 경우

프로그램 개발 단계 중 비개발 부문

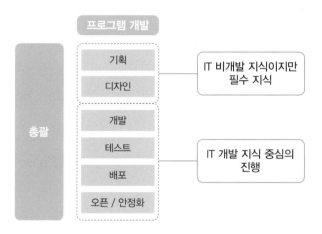

이번 절은 IT 전체 영역 큰 그림 보기의 네 번째로, 프로그램 개발 단계 중 비개발 부분인 기획, 디자인, 총괄(PM) 업무에 대해서 설명하겠습니다. 개발 전문 지식은 아니지만, IT 개발 관리를 위해서 꼭 알아야 하는 부분입니다.

기획

기획은 사용자의 요구 사항을 받아서 개발자가 개발할 수 있도록 문서화하는 작업을 한다고 앞서 간단하게 정리했습니다. 지금부터 이 과정의 상세한 업무 순서, 문서 내용 및 작성 방법을 알아보겠습니다.

업무 단계	업무 내용	산출물
요구 사항 분석	고객이 원하는 개발 내용을 듣고 정리	요구 사항 분석서
설계	고객의 요구 사항을 기초로 뼈대를 설계	IA, 프로세스 흐름도
구현	실제 요구 사항을 화면으로 그리는 것	스토리보드

기획 업무는 요구 사항 분석, 설계, 구현의 순서로 진행됩니다.

요구 사항 분석은 고객이 원하는 개발 내용을 자세히 듣고 정리하여, 그것을 기초로 [요구 사항 분석서]를 만드는 작업입니다. 이 작업을 통해서 만들고자 하는 개발의 상세한 기능을 청취하게 되며, 기획자는 고객의 정리되지 않은 다양한 요구 사항을 잘 정리하여 설계될 수 있도록 준비해야 합니다.

요구 사항 분석이 끝나면 다음은 [요구 사항 분석서]의 내용을 기초로 시스템 및 메뉴의 구조를 설계합니다. 이 단계의 핵심은 분석된 내용을 기초로 만들어질 시스템의 구조를 설계하는 것입니다. 개발의 규모나 종류에 따라서 간단한 메뉴 구조만 정리하기도 하고, 상세한 시스템의 설계 뼈대까지 잡기도 합니다. 이때 구조를 설계한 문서를 [IA; Information Architecture]라고 합니다. 그리고 특정 기능이 복잡할 경우에는 개발자가 잘 이해하고 만들 수 있도록 해당 부분을 [프로세스 흐름도]라는 문서로 만들어 상세한 프로세스를 정리합니다.

이렇게 구조 설계가 끝나면, 이를 기반으로 실제 만들어질 프로그램의 화면을 그리는 [스토리보드]를 작성합니다. 이 과정의 산출물에 대해서는 간단한 샘플을 보면서 설명하겠습니다.

항목	내용 상세			
내용	1. ** 시스템을 이용, 현재 종이 계약으로 진행되는 매입 계약을 전자 계약으로 변경			

요구 사항 상세	1. 매입 전자 계약은 아래의 2단계의 프로세스에서 처리되어야 한다.
	  1) 견적 이후 바로 전자 계약서 작성: 현장 계약 시 계약서 작성 후 송금 요청하는 경우
	  2) 송금 요청 이후: 송금 요청 이후 별도로 계약서를 받는 경우
	2. 전자 계약서의 작성은 PM, 계약 등록, 송금 요청 등의 작업에 영향을 주지 않도록 하는 것을 기본으로 한다.			

이슈 사항	1. 매입 계약의 특성상 신규 시스템에서 처리되는 종이 계약서 기반 업무는 그대로 진행되게 한다.			
관련 부서/ 관련 시스템	관련 부서: **팀, **팀 관련 시스템: **팀, **팀			
기타 정보	중요도	난이도	협의자	협의 일자
			홍길동 대리 김길동 대리	

주요 구성 항목

기능명(화면명)	요구 사항(내용)	상세 내용
중요도	난이도	분석 일자
관련 부서	협의자	이슈 사항

양식

엑셀
PPT
WORD

위의 그림은 요구 사항 분석서 샘플입니다. 고객이 이야기한 요구 사항의 내용, 상세 설명, 개발 관련 이슈 사항 및 기타 관련 내용을 가능한 한 자세히 정리한 것입니다.

주요 구성 항목으로 기능명, 요구 사항, 상세 내용, 중요도, 난이도, 이슈 사항, 관련 부서, 협의자, 분석 일자 등이 있습니다. 이러한 요구 사항 양식은 개발 상황에 따라 다를 수 있는데, 프로젝트가 크고 요구 사항 하나하나를 상세히 분석해야 하는 경우에는 PPT나 워드 파일을 이용해서 요구 사항을 상세히 정리하기도 하고, 간단한 웹 프로젝트와 같이 요구 사항이 단순한 경우에는 요구 사항 자체를 하나의 엑셀 문서에 적어서 보기 쉽게 정리하기도 합니다. 최근에는 인터넷을 기반으로 한 다양한 협업 툴을 이용하여 작성 및 관리합니다.

다음은 IA 문서입니다. IA는 Information Architecture의 약어로, 요구 사항 분석서를 보고 개발할 시스템을 구조화하는 작업을 하는 문서입니다. IA 문서는 4가지의 상세 구조를 갖습니다.

1. 메뉴 구성								
구분	MENU ID	메뉴 경로					화면 ID	화면명
		Depth 1	Sub Main	Depth 2	Depth 3			

2. 상세 기능 및 연계 화면 정책				
상세 내용				
UI 정책	기능	참조 화면	연계 화면	개발 이슈

3. 화면 타입 및 관련 정보								
TYPE			메뉴 관련 확인			요청 자료		
TYPE 1	TYPE 2	TYPE 3	관리자	DB	신규	요청	수급	담당	내용

4. 작업 현황 관리											
작업 현황											
시스템 기획			시스템 디자인			시스템 퍼블리싱			시스템 개발		
시작일	완료일	담당자	시작일	완료일	담당자	시작일	완료일	담당자	시작일	완료일	담당자

1. **메뉴 구성** : 시스템의 메뉴를 구성하고, 각 메뉴의 단계, 이름, 고유 ID, 상세 화면명 등 정리
2. **상세 기능 및 연계 화면 정책** : 화면의 주요 기능, 관련된 화면, 주요 사항 및 이슈 등 정리
3. **화면 타입 및 관련 정보** : 각 메뉴 화면의 타입, 관련 DB 정보 등 화면과 관련된 정보 정리
4. **작업 현황 관리** : 개발 진행 관리를 위한 담당자, 진행 일정, 진행 상태 정보 등 정리

> **Learning TIP**
>
> IA 파일은 모든 프로젝트에서 1번부터 4번까지 모두 작성하지는 않습니다. 기본적으로 1번과 2번까지는 작성하고, 3번과 4번은 프로젝트의 성격이나 관리 상황에 따라서 선택하여 작성합니다. 간단한 홈페이지 같은 경우는 IA 대신 사이트 맵이나 메뉴 구조도를 정리하는 것으로 대체하기도 합니다.

다음은 프로세스 흐름도입니다. 요구 사항을 정리하다 보면 단순한 설명만으로는 복잡한 경우가 있습니다. 그런 경우에는 좀 더 자세한 문서를 통해 해당 요구 사항의 프로세스를 설명하게 되는데, 이를 프로세스 흐름도라고 합니다.

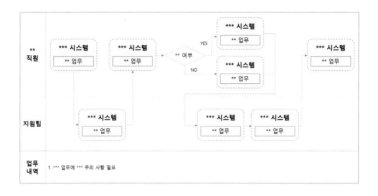

프로세스 흐름도는 개발 목적이나 용도에 따라 구성이 다릅니다. 일반적으로는 전체 화면에 대한 설명보다는, 특정한 주요 업무를 상세히 설명하기 위해서 작성되는 편입니다. 구성은 업무의 주체, 시스템, 업무 흐름의 상관관계를 표현하며, 이때 참고해야 할 주의 사항도 함께 표현합니다. 참고로, 규모가 작은 개발의 경우에는 프로세스 흐름도를 작성하지 않고 진행하는 경우도 많습니다.

Learning TIP

프로세스 흐름도는 플로우 차트, 업무 흐름도, 서비스 흐름도 등과 비슷합니다. 다양한 이름과 용도로 사용되고 있으니, 기존에 작업하던 것과 다른 새로운 양식의 문서를 만나더라도 당황하지 말고, 문서의 작성 주체에게 목적과 용도를 물어보고 작성하도록 합니다.

다음은 마지막 단계인 스토리보드 작성입니다. 스토리보드는 요구 사항을 프로그램 화면으로 그려 놓은 문서로, 세 가지 주요 구성 요소를 갖습니다. 첫 번째는 IA 문서에서 관리되는 메뉴, ID 등의 정보를 표시합니다. 이는 IA에 정리된 기능 중 어떤 부분에 대한 것인지 구분하기 위해서 표시합니다. 두 번째는 실제 프로그램 화면을 그립니다. 다음 그림과 같이 프로그램의 레이아웃을 그리는 작업을 하는데, 이를 와이어프레임이라고 합니다. 마지막으로 각각의 기능이 어떠한 동작을 하는지 상세하게 기술합니다.

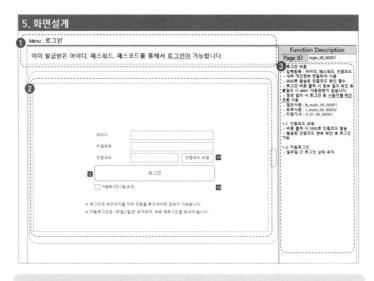

5. 화면설계

① Menu : 로그인

이미 발급받은 아이디, 패스워드, 패스코드를 통해서 <u>로그인</u>이 가능합니다.

Function Description
Page ID | login_00_00001

③ 로그인 버튼
- 입력항목 : 아이디, 패스워드, 인증코드
- 내부-개인정보 연동들하의 사용
- SMS로 발송한 인증코드 확인 필수
- 로그인 버튼 클릭 시 정보 일치 확인 됨
- 불일치 시 alert 창으로 안내합니다.
- 정보 일치 시 로그인 후 사용자별 메인으로 이동
  - 일반사용 : b_main_00_00001
  - 외부사용 : s_main_00_00002
  - 지점가사 : d_01_00_00001

1-1. 인증코드 요청
- 버튼 클릭 시 SMS로 인증코드 발송
- 발송된 인증코드 번호 확인 후 로그인 가능

1-2. 자동로그인
- 일주일 간 로그인 상태 유지

②
- 아이디
- 비밀번호
- 인증코드 .... [인증코드 요청] ①1
- [로그인] ①
- ☐ 자동로그인 (7일 유지) ①2

※ 로그인은 보안유지를 지켜 인증을 받으셔야만 접속이 가능합니다.
※ 자동로그인은 1주일(7일)만 유지되며, 추후 재로그인을 하셔야 합니다.

1. IA 문서 기반의 메뉴 정보
2. 화면 와이어프레임(Wireframe) 기반의 레이아웃
3. 화면 기능 상세 설명

Learning TIP

기획과 관련해서 와이어프레임, 스토리보드, 프로토타입 이 세가지 용어를 혼동하는 경우가 있으므로, 구분하여야 합니다.

1. **와이어프레임** : 위의 스토리보드 내용 중 2번에 해당합니다. 개발될 프로그램을 와이어프레임, 즉 선을 통해 윤곽을 그려 놓은 것입니다.

2. **스토리보드** : 위의 스토리보드 내용 중 1번부터 3번의 구성 요소를 모두 포함한 문서입니다.

3. **프로토타입** : IT 전문가는 스토리보드를 보면 바로 이해할 수 있지만, 비전문가인 고객은 알아보기가 어렵습니다. 이처럼 중요한 의사 결정을 해야 하는 상황에 고객과의 원활한 소통을 위해, 개발은 하지 않았지만 마치 그 화면이 개발된 것처럼 샘플(프로토타입)을 만들 수 있는데, 이를 프로토타입이라고 합니다. 대표적인 프로토타입 툴로는 피그마, 카카오오븐 등이 있습니다.

디자인

기획이 완료되면, 그 다음 단계로 디자인이 진행됩니다. 디자인은 기획 단계에서 구상한 화면을 예쁘게 만들어 주는 일이라고 앞서 설명했습니다. 이를 위해서 디자인은 3개의 작업 단계를 거칩니다.

업무 단계	업무 내용	산출물
디자인 시안 작업	고객이 원하는 콘셉트 디자인 샘플을 만드는 것	디자인 시안
디자인 가이드	확정된 시안으로 디자인 작업을 하기 위한 가이드 문서	디자인 가이드
상세 화면 디자인	SB상의 화면에 대한 전체 디자인 작업	디자인 화면

첫 번째는 디자인 시안 작업입니다. 이 작업은 고객에게 디자인에 대한 콘셉트를 듣고, 해당 콘셉트에 맞는 디자인 샘플을 몇 가지 만드는 단계입니다. 이 샘플을 디자인 시안이라고 합니다. 고객과 함께 몇 가지 시안을 보고 최종적으로 결정하고, 해당 시안에 따라서 전체 화면을 디자인합니다.

두 번째는 디자인 가이드 작업입니다. 디자인 시안 단계를 통해 고객이 원하는 실제 디자인을 확정하고, 해당 시안의 콘셉트에 따라서 모든 화면을 디자인할 수 있도록 가이드 문서를 만드는 작업입니다.

세 번째는 상세 화면 디자인입니다. 디자인 가이드를 기준으로 기획자가 만든 스토리보드의 전체 화면을 디자인하는 단계입니다.

각 단계에 대해서 좀 더 자세히 알아봅니다.

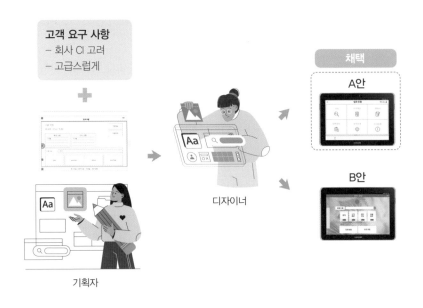

고객 요구 사항
- 회사 CI 고려
- 고급스럽게

채택

A안

B안

디자이너

기획자

디자인 시안 단계에서는 고객이 원하는 디자인 콘셉트를 듣고, 스토리보드에 있는 화면 중 몇 개를 선택해 해당 콘셉트에 맞는 디자인 샘플을 만듭니다. 이 때, 고객은 "우리 회사 CI를 고려해서, 고급스럽게 만들어 주세요"와 같이 대략적인 의견을 전달하고, 디자이너는 그 의견을 받아 최대한 좋은 디자인 시안을 만들게 됩니다.

보통은 선택지를 주기 위해서 3개 정도의 시안을 만들어 보여 주면, 고객은 그중 하나의 시안을 선택하고, 선택한 시안을 조금 더 보완하여 최종적인 디자인 시안을 확정합니다. 시안 작업 시에는 로그인 화면, 메인 화면, 목록 화면, 상세 화면 등 만들 프로그램을 대표하는 화면 4~5가지를 선택해서 만듭니다. 이렇게 시안이 확정되면, 이후 디자인 가이드를 만듭니다.

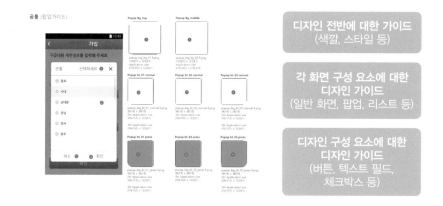

공통 (팝업 가이드)

디자인 전반에 대한 가이드
(색깔, 스타일 등)

각 화면 구성 요소에 대한
디자인 가이드
(일반 화면, 팝업, 리스트 등)

디자인 구성 요소에 대한
디자인 가이드
(버튼, 텍스트 필드,
체크박스 등)

디자인 가이드는 확정된 시안에 따라 전체 스토리보드의 화면을 디자인할 수 있도록 가이드해 주는 문서입니다. 일반적으로는 색깔, 스타일, 화면 구성 요소에 대한 가이드와 버튼, 텍스트 박스 등과 같은 디자인 구성 요소 및 배치에 대한 정보를 정리합니다. 디자인 가이드가 완성되면 이 가이드를 기준으로 한 명 혹은 여러 명의 디자이너가 업무를 나눠서 화면을 디자인합니다.

디자인과 관련하여, UI와 UX라는 용어가 있는데 해당 용어가 개발 현장에서는 쓰는 사람마다 조금씩 다른 의미를 가지고 쓰는 경우가 많아서, 이에 대해 명확히 이해해야 합니다.

UI는 User Interface의 약어입니다. 이 용어는 유저가 보는 화면의 모든 구성 요소, 즉 화면의 폰트, 컬러, 레이아웃, 배치, 아이콘, 이미지 등을 말합니다.

UX는 User Experience라는 용어의 약어로, 말 그대로 해석하자면 사용자 경험이라는 뜻입니다. 여기서 경험이라는 용어가 혼란을 주는데, 이는 단순하게 유저의 경험을 고려한 모든 것이라고 생각하면 됩니다. UI를 구성할 때 유저의 경험을 같이 고려하면, 이것이 UX가 됩니다.

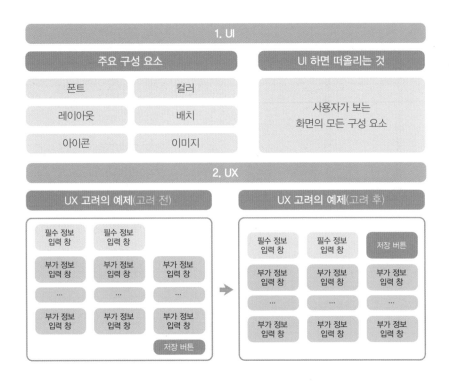

하나의 샘플을 보겠습니다. 위의 그림에서 UX 부분을 보면 시스템에 뭔가를 등록하는 화면이 있습니다. 필수 입력 창이 두 개가 있고, 그 외에 추가 입력 창이 있습니다. 처음 UI 설계 시, 필수 항목을 입력한 후 부가 항목을 입력하고 저장하도록 기획/디자인을 했습니다. 그런데 유저의 경험을 분석해 보니 정보를 입력하는 건이 하루에 100건이면, 그 중 99건은 필수 정보만 입력 후 저장한다는 것을 알게 되었습니다. 이렇게 사용자의 경험을 듣고 나면, 화면의 편의성을 고려하여 저장 버튼의 위치를 모든 항목을 입력한 후 클릭할 수 있는 아래쪽이 아닌, 오른쪽 그림과 같이 필수 항목을 입력한 후에 저장하기 쉬운 위치로 변경할 수 있습니다. 이러한 것을 'UX를 반영했다'고 합니다.

UX는 어떤 상황에서는 유저의 경험을 고려해서 화면을 좀 더 효율적으로 쓰게 만들 수도 있고, 어떤 경우는 더 예쁘게 만들 수도 있으며, 또 어떤 경우는 유저가 특정 버튼을 누르도록 유도할 수 있습니다. 이는 모두 사용자의 경험 및 상황을 고려한 결과를 반영한 것입니다.

마지막으로 총괄 업무입니다. 개발을 하면 누군가는 당연히 전체 과정을 총괄해야 합니다. 보통 PM(Project Manager, 프로젝트 매니저) 역할을 하는 사람이 이 일을 하게 되는데, 개발 현장 상황에 따라서 기획자나 디자이너 혹은 선배 개발자가 총괄 업무를 하는 경우도 꽤 있습니다. 대표적인 이유는 총괄 업무를 하는 PM의 인건비가 높기 때문입니다. 그래서 충분한 인건비가 나오는 큰 프로젝트에서는 별도의 PM을 두고 일을 하고, 비용이 높지 않은 프로젝트는 기획자가 총괄 업무를 같이 진행하게 됩니다. 하지만, 종종 기획자의 나이가 어리거나 경험이 적은 경우, 디자이너나 선배 개발자 중에서 총괄 업무를 맡는 경우도 있습니다.

총괄 담당자는 다양한 업무를 하는데, 그중 중요한 세 가지 업무가 일정 계획, 일정 관리, 의사소통입니다.

업무 단계		업무 내용		산출물
일정 계획	➡	전체 일정 계획	➡	WBS
일정 관리	➡	일정대로 진행되도록 관리	➡	WBS 간트차트
의사소통 (회의, 보고)	➡	진행을 위해 관계자(고객)와 회의 및 보고	➡	주간 보고, 착수 보고, 중간 보고, 종료 보고

일정 계획은 프로젝트 초기 단계에 전체 진행 일정을 계획하는 것으로, WBS 라는 산출물을 만들며, 이 문서를 기준으로 진행 일정을 계획합니다.

일정 관리는 실제 계획대로 일이 잘 진행되도록 관리하는 것인데, 이때 앞서 작성된 WBS나 간트차트와 같은 산출물로 관리합니다.

마지막으로 의사소통은 프로젝트 기간 중 진행을 위해서 관계자, 특히 고객 과 회의 및 보고 등을 하는 것입니다. 이때 회의록, 주간 보고, 착수 보고, 중간 보고, 종료 보고 등의 문서를 통해 소통 및 진행된 결과를 공유합니다.

WBS와 간트차트에 대해서는 샘플을 보면서 설명하겠습니다.

WBS는 Work Breakdown Structure의 약어로, 의미 그대로 일(Work)을 작게 쪼개서(Breakdown), 구조화(Structure)시키는 일을 뜻하며, 이것을 표현한 문서를 WBS라고 합니다. WBS는 프로젝트 관리에 있어서 가장 중요한 문서입 니다. 총괄 업무 담당자는 이 문서를 통해 업무 계획 및 진척도를 관리합니다.

WBS 샘플

WBS	Stage	Step	Task	2depth	3depth	4depth	진행율	담당자	시작일	완료일
5	신림시 Mobile 전자문서 Project									
1	제안 전체 일정									
1.1		분석							2016-07-1	2016-07-15
1.1.1			전체 일정동 수립					블블남자25	2016-07-25	2016-08-11
1.1.2			전자문서 시스템					블블남자25	2016-07-25	2016-08-11
1.1.2.1			As-Is 현업 미팅					블블남자25	2016-07-25	2016-08-11
1.1.2.1.1				1차 미팅 (KICK-OFF)				블블남자25	2016-07-25	2016-07-25
1.1.2.1.2				2차 미팅 (문서확정)				블블남자25	2016-07-28	2016-07-28
1.1.2.1.3				3차 미팅 (프로세스)				블블남자25	2016-08-02	2016-08-02
1.1.2.1.4				4차 미팅 (전자관리시스템)				블블남자25	2016-08-04	2016-08-04
1.1.2.1.5				5차 미팅 (POS연계방안)				블블남자25	2016-08-11	2016-08-11
1.1.3			전자 업무시스템					블블남자25	2016-07-25	2016-08-11
1.1.3.1			As-Is 현업 미팅					블블남자25	2016-07-25	2016-08-11
1.1.3.1.1				1차 미팅 (KICK-OFF)				블블남자25	2016-07-25	2016-07-25
1.1.3.1.2				2차 미팅 (1차 개발사항)				블블남자25	2016-08-02	2016-08-02
1.1.3.1.3				3차 미팅 (신규 개발사항)				블블남자25	2016-08-04	2016-08-04

주요 구성 항목

- 관리 번호
- 업무 정의
- 진척도
- 담당자
- 진행 일정
- 산출물

양식

- 엑셀
- 기타 문서 형태
- 전용 프로그램

WBS에는 업무 구분, 업무 정의, 업무를 수행할 담당자, 진행 목표 일정, 진행 상태, 산출물 등을 표시합니다. WBS는 대부분 엑셀 문서를 이용하여 만들며, 회사의 관리 정책에 따라서 전용 프로그램을 이용하기도 합니다.

마지막으로 간트 차트(Gantt Chart)입니다. WBS를 통해서 일정 관리를 하는 것이 기본이지만, WBS는 진행의 진척도를 한눈에 파악하기가 어렵습니다. 그래서 이러한 단점을 보완하기 위해 간트 차트를 사용합니다.

위의 그림이 간트 차트인데, 이 간트 차트에서 초록색은 정상적으로는 진행되는 업무, 주황색은 조금 이슈가 있는 업무, 빨간색은 심각한 문제가 있는 업무를 의미합니다. 간트 차트를 보면 지금 어디가 정상적으로 일이 진행되고 있고, 어떤 일에 심각한 이슈가 있는지를 쉽게 파악할 수 있습니다. 이처럼 보조적인 관리를 위해서 사용하는 것이 간트 차트이며, 상황에 따라 WBS만을 가지고 관리하기도 하고 간트 차트를 통해 진척 상황을 파악하기도 합니다.

실전 체크 사항

Q 앞서 설명한 기획 문서를 다 작성하는 것이 일반적인가요?

A 기본입니다. 하지만 프로젝트의 크기가 작거나 단순한 경우, IA를 Site Map으로 대체하거나, 요구 사항 분석서 및 프로세스 흐름도는 생략하는 경우도 있습니다. 단, 스토리보드는 무조건 작성해야 하는 문서입니다.

Q 디자인 작업 관리 시 특별히 주의해야 할 것이 있나요?

A 진행 과정 중 디자인 시안을 확정하는 데 시간이 오래 걸리는 경우가 있습니다. 이때 시안이 일정대로 확정되지 않으면, 바로 뒤의 중요한 개발 단계가 큰 타격을 입습니다. 디자인이 확정되길 기다리며 개발 일정을 미루거나, 미리 개발 후 디자인을 추가로 붙이는 불필요한 작업을 해야 합니다. 따라서 기획자나 관리자는 디자인 시안 확정이 늦어지지 않도록 관리해야 합니다.

Q 기획자나 디자이너가 총괄 업무를 하는 경우가 많나요?

A SI나 규모가 큰 프로젝트는 별도의 PM을 두는 것이 보통입니다. 하지만 규모가 작은 개발 프로젝트는 PM에 대한 비용이 부담스럽기 때문에, 보통은 기획자에게 PM의 역할을 맡깁니다. 종종 기획자가 너무 어리거나 경험이 없는 경우에는 디자이너나 선배 역할을 하는 사람이 PM 업무를 하기도 합니다.

PART 02

비전공자를 위한
IT 개발 필수 지식

이번 파트는 비전공자가 IT 개발자와 소통하기 위해서 필요한 필수 지식을 설명합니다. 프로그램 개발의 기본 구조부터 개발 방식, 프로그램 개발 도구 및 순서, 개발자의 실제 코딩 방법, 외부 시스템 연계, 개발 보안, 웹과 앱의 필수 정보, 데이터베이스 정보, 테스트 오픈 관련 지식 등 필수 지식을 쉽게 설명하되, 개발자와 충분히 소통할 수 있는 수준으로 설명하여 여러분이 개발자와 자신 있게 소통할 수 있도록 합니다.

프로그램 개발의 기본 구조

이번 절부터는 개발 지식에 대해 위의 그림과 같이 8개의 단계로 나누어서 설명할 예정입니다. 8단계는 프로젝트 참여 및 관리하는 과정에서 꼭 알아야 할 필수 지식을 중심으로 구분하였습니다. 먼저 첫 번째 시간으로 개발 구조에 대해 알아보겠습니다.

개발에는 어떠한 종류가 있는지, 종류별 개발의 구조가 어떻게 되어 있는지, 개발 구조에 따라 개발자를 어떻게 구성해야 하는지 설명하겠습니다. 향후 여러분이 개발 프로젝트를 진행할 때, 팀을 구성하는 기준과 각각의 개발자가 어떤 일을 하는지를 명확하게 알 수 있도록 하는 것이 이번 절의 목표입니다.

프로그램에는 많은 종류가 있지만, 그 모든 프로그램을 다 이해하기는 어렵습니다. 많은 종류의 프로그램 중 가장 대표적인 것이 웹(Web)과 앱(App)입니다. IT 시장의 대부분을 차지하고 있는 이 두 가지 프로그램의 기본 개발 구조만 확실히 알아도, 실제 현장에서 업무를 하는 데 충분합니다. 향후 새로운 종류의 프로그램 개발에 참여하더라도, 이 두 가지 개발 방식의 지식을 기반으로 새로운 개발 구조를 배운다면 충분히 업무를 진행할 수 있습니다.

웹은 브라우저를 통해서 특정 사이트에 접근하여 프로그램을 사용하는 것이고, 앱은 스토어를 통해 원하는 앱을 다운로드받아 본인의 기기에 설치하여 사용하는 것입니다.

여기서 한 가지 짚고 넘어가야 할 것이 있습니다. 웹은 PC로 이용하고 앱은 모바일로 이용한다고 생각하는 경우가 종종 있습니다. 하지만 PC와 모바일을 기기의 관점에서 보자면, 결국은 같은 컴퓨터 기반의 하드웨어 구조를 지니고 있습니다. 단지 모바일은 컴퓨터 기능 외에 통화 기능이 있고, 휴대가 가능하다는 차이만 있을 뿐입니다. 따라서 두 기기 모두 동일하게 웹과 앱을 사용할 수 있다는 것을 혼동하지 않아야 합니다.

• 웹과 앱의 차이

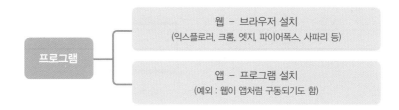

대표적인 프로그램인 웹과 앱은 이용 조건에 차이가 있습니다. 웹은 브라우저라는 프로그램이 설치되어 있어야 합니다. 흔히 알고 있는 익스플로러, 크롬, 엣지 등입니다. 이러한 종류의 브라우저 중 하나만 설치되어 있으면 웹으로 개발된 다양한 사이트를 자유롭게 이용할 수 있습니다. 반면 앱은 이용하고자 하는 앱을 반드시 다운로드받고 설치해야 사용이 가능합니다. 이러한 이용 조건의 차이로 인해 프로그램의 실행 방법에도 차이가 발생합니다.

웹은 이용자의 PC나 모바일에 프로그램을 설치하는 것이 아니기 때문에, 서버 쪽에 프로그램의 모든 정보가 다 보관되어 있습니다. 프로그램의 모든 정보란 화면의 구성 요소와 그 안에 들어가는 모든 정보를 말합니다. 브라우저는 단지 서버에서 보내 주는 것을 이용자가 보고 이용할 수 있도록 통로 역할만 할 뿐입니다. 그래서 하나의 브라우저로 다음, 네이버 등과 같은 다양한 회사의 서버에서 동작하는 프로그램을 사용할 수 있는 것입니다.

하지만 앱은 다릅니다. 앱은 이용자가 반드시 해당 앱을 다운로드하고 설치해야 합니다. 이렇게 설치된 앱은 두 가지 방식으로 동작합니다.

첫 번째는 앱만으로 모든 기능을 이용할 수 있도록 하는 방식입니다. 예를 들어, 메모지 앱 같은 경우에는 앱 안에 메모지의 모든 기능이 들어 있어 메모 정보를 저장 및 관리할 수 있습니다.

두 번째는 대부분의 화면 구성 요소는 앱이 가지고, 필요한 정보는 네트워크 통신을 통해서 앱을 관리해 주는 서버로부터 전달받아 처리하는 방식입니다. 대표적으로 은행 앱을 예로 들 수 있습니다. 은행 앱의 경우, 화면을 구성하는 메인 화면의 모양, 버튼, 이미지 등은 다 앱에 있지만, 실제 중요한 금융 기록(숫자 정보)은 담당 서버에서 처리하고, 내가 설치한 앱은 서버로부터 받은 정보를 보여 주거나 처리에 대한 요청을 전달하는 기능만을 수행합니다.

이 두 가지를 구분하는 방식은 간단합니다. 모바일 기기의 네트워크(인터넷) 기능을 끄고 실행했을 때, 첫 번째 방식은 문제 없이 동작하지만, 두 번째 방식은 네트워크를 이용할 수 없어 프로그램을 정상 동작할 수 없다는 메시지와 함께 종료됩니다.

이런 이용 방식의 차이로 인해 개발하는 구조에도 차이가 있습니다. 이어서 개발 구조에 대해서 알아보겠습니다. 개발을 잘 모른다면 구조가 굉장히 복잡해 보일 수도 있지만, 알고 보면 생각보다 간단합니다.

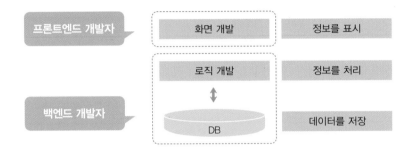

먼저 웹입니다. 웹은 위의 그림처럼 3단계의 심플한 구조를 갖습니다.

첫 번째는 데이터베이스에 데이터가 저장됩니다. 예를 들면, [23]이라는 숫자가 데이터베이스(Database, DB)[1]라는 곳에 저장됩니다.

두 번째는 정보를 처리하는 로직을 개발합니다. 데이터베이스에 보관된 [23]이라는 데이터를 가져와서, [오늘의 날씨는 23]으로 정보화시키는 처리를 합니다.

마지막으로 정보를 화면에 보여 주는 개발입니다. 정보 처리 로직에서 받은 [오늘의 날씨는 23]이라는 정보를 [오늘의 날씨는 23도입니다]라는 식으로 화면에 예쁘게 구성하여 보여 주는 것입니다.

이때, 데이터베이스에 데이터를 저장하고 정보를 처리하는 로직 개발을 [백엔드 개발]이라 하고, 이런 개발을 하는 사람을 [백엔드 개발자]라고 합니다. 그리고 백엔드 개발에서 전달받은 정보를 화면에 예쁘게 보여 주는 개발을 [프론트엔드 개발]이라 하고, 이런 개발을 하는 사람을 [프론트엔드 개발자]라고 합니다.

이것이 웹 개발 구조의 전부입니다. IT 현장에서 백엔드와 프론트엔드라는 용어를 자주 듣는데, 헷갈렸던 분들은 위와 같이 이해하면 됩니다.

---

1   데이터를 저장 관리하는 시스템

백엔드 개발에서 정보를 처리하는 것을 개발자들은 [비즈니스 로직 개발]이라는 용어로 자주 표현합니다. 혹시 개발자가 "저희 비즈니스 로직 개발 중에…"라는 표현을 쓰면 "우리가 지금 만드는 프로그램의 정보를 처리하는 개발 중에"라고 이해하면 됩니다.

웹은 앞서 설명한 구조를 기본으로 개발되지만, 가끔 "우리 회사는 웹 개발을 할 때 프론트엔드와 백엔드 구분 없이 그냥 서버 개발자가 하는데?" 혹은 "우리 회사는 웹 개발을 할 때 프론트엔드와 백엔드를 철저히 구분해서 해!"라고 말하는 경우가 있습니다.

이렇게 전혀 다른 얘기를 하는 이유는, 데이터베이스에서 데이터를 가져와서 백엔드에서 정보를 처리하고 프론트엔드에서 화면을 개발하는 콘셉트는 같지만, 그것을 구현하는 방법에 두 가지 방식이 있기 때문입니다. 바로 [SSR]과 [CSR]방식입니다. SSR은 Server-Side Rendering이라는 용어의 약어이고, CSR은 Client-Side Rendering이라는 용어의 약어입니다.

여기서 Rendering(렌더링)이라는 생소한 용어가 나옵니다. IT 분야에서 다양한 의미로 많이 쓰이는 용어로, 앞으로 이 용어를 들을 때 '그리는 것'이라는 말로 바꿔서 생각하면 어떠한 경우에도 자연스럽게 해석할 수 있습니다.

말 그대로 SSR은 서버 쪽(Server-side)에 화면이 그려진다(Rendering)는 뜻이고, CSR은 사용자 쪽(Client-side)에 화면이 그려진다(Rendering)는 뜻입니다.

앞서 웹의 모든 화면 구성 요소와 정보는 서버 쪽에서 만들고, 브라우저는 이것을 보여 주는 역할만 한다고 했습니다. 이때 SSR은 사용자가 웹에 접속해서 모든 동작을 할 때마다 서버에서 화면 전체를 그려 브라우저로 보내는 방식이고, CSR은 화면의 구성 요소를 사용자가 처음 접속했을 때 브라우저로 보내서 화면을 그리고, 이후에는 처리된 정보만 오가는 방식입니다.

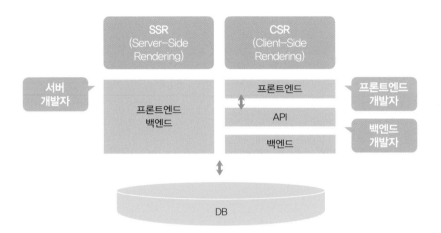

이해하기 쉬운 사례로 설명하자면, 웹사이트의 모든 버튼을 누를 때마다 화면이 리프레시되면서 다시 그려지는 사이트가 SSR 방식으로 만들어진 경우이고, 버튼을 누르면 해당 처리가 되는 부분의 값만 변경되는 사이트가 CSR 방식으로 만들어진 경우입니다.

위의 그림과 같이 SSR 개발 방식은 프론트엔드와 백엔드가 철저하게 구분이 되어 있지 않아서 서버를 개발하는 개발자가 백엔드, 프론트엔드를 함께 개발하고, CSR 개발 방식은 백엔드와 프론트엔드를 확실하게 구분하여 개발합니다.

Learning TIP

실제 현장에서 개발자는 자신이 개발해 왔던 경험을 기반으로 이야기하기 때문에, CSR 환경에서 개발을 한 개발자는 프론트엔드와 백엔드가 확실하게 구분되어야 한다고 하고, SSR 환경에서 개발을 한 개발자는 프론트엔드와 백엔드 모두를 함께 개발해야 한다고 이야기합니다. 이런 경우, 여러분은 개발 구조에 따라 개발자가 주장하는 바가 다르며, 같은 프로그램을 개발하더라도 CSR 방식으로 하느냐 SSR 방식으로 하느냐에 따라 개발자를 구성하는 방식이 달라진다는 것만 확실하게 인식하도록 합니다.

이제 웹 개발 구조에 대해서 이해가 되었으리라 보고, 중요한 개념 하나를 추가로 설명하겠습니다. 바로 API입니다. 왼쪽 그림의 CSR 방식을 보면 백엔드에서 처리된 정보가 프론트엔드 화면으로 개발되는 중간에 API라는 계층이 추가된 것을 볼 수 있습니다. 이 API는 백엔드에서 프론트엔드로 정보를 보다 효율적으로 전달하기 위해 만들어진 계층입니다.

API는 개발 진행 혹은 협의 시 상당히 많이 등장하는 용어로, 백엔드 개발자가 프론트엔드로 정보를 전달할 때, 서로의 약속을 통해 정보를 잘 전달할 수 있도록 별도로 구분한 프로그램 계층으로 이해할 수 있습니다.

프론트엔드 개발자 "기획자 님, 회원등록 화면에서 받을 API 정보 정리 부탁합니다."

기획자 및 관리자 (아! 회원 등록을 위해서 백엔드에서 프론트엔드로 전달할 정보를 정리해 달라는 얘기구나!) "네! 백엔드 개발자 분과 상의해서 전달해 드리겠습니다."

앱 개발 구조

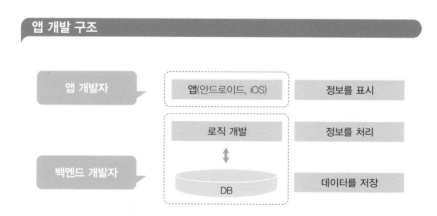

자, 그럼 이번에는 앱의 구조를 살펴보겠습니다. 위의 그림을 보면 이번에는 보다 쉽게 이해할 수 있으리라 생각합니다. 그 이유는 데이터베이스에서 데이터를 받아서 정보를 처리하고, 정보를 표시하는 구조가 웹과 동일하기 때문입니다. 심지어 백엔드는 완전 똑같습니다. 단지 다른 것은 웹의 프론트엔드 부분을 앱으로 개발한다는 것과, 이것을 서버가 아닌 스토어에 등록하고, 향후 나의 휴대폰에 설치하는 프로그램 형태로 진행한다는 차이만 있을 뿐입니다.

앱 개발 구조를 좀 더 자세히 보자면, 이번에도 익숙한 그림을 볼 수 있습니다.

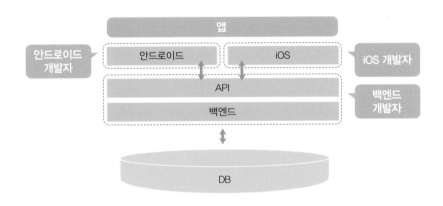

앱 개발 구조는 CSR 방식의 웹 개발 구조와 상당히 유사합니다. 다만, 웹의 프론트엔드 개발 대신 화면 구성 부분을 각 모바일의 OS에 맞는 앱으로 개발한다는 차이가 있습니다. 이때 의미 있게 봐야 할 것이 있습니다. 바로 백엔드 개발자는 웹을 개발하든 앱을 개발하든 필수라는 것입니다.

> **Learning TIP**
>
> 프로그램 개발을 하다 보면 웹과 앱을 동시에 개발해야 하는 경우가 종종 있습니다. 이때 웹을 CSR 방식으로 개발할 경우, 프론트엔드 개발은 웹과 앱이 각각 필요하지만, 비즈니스 로직을 개발하는 백엔드 부분은 한 번의 개발로 웹과 앱에 같은 기능을 적용할 수 있습니다. 따라서 웹과 앱을 동시에 개발하는 경우, 대부분 웹을 CSR 방식으로 개발한다는 점을 참고하기를 바랍니다.

그런데 이렇게 앱을 개발하다 보니, 같은 프로그램을 개발하는 데 OS마다(안드로이드, iOS) 별도의 앱을 개발해야 하는 문제가 있습니다. 비효율적으로 보이는 이 문제를 해결하기 위해 나온 방식이 바로 크로스 플랫폼입니다. 이는 앱을 하나만 개발하고, 이것을 설치할 때 안드로이드에서도, iOS에서도 동작하는 구조를 만드는 것입니다.

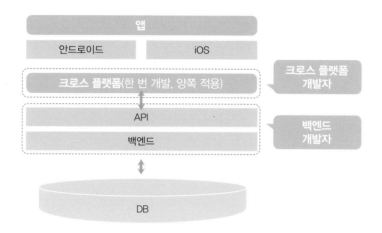

위 그림과 같이 크로스 플랫폼으로는 앱을 한 번만 개발합니다. 그리고 크로스 플랫폼으로 개발한 앱이 안드로이드, iOS 설치 시 자동으로 실행되도록 변경하는 작업을 통해, 마치 각자의 OS에서 개발한 앱처럼 동작하게 하는 방식입니다. 리액트 네이티브(Reactive Native), 플러터(Flutter)와 같은 것들이 모두 크로스 플랫폼 방식의 개발입니다.

웹과 앱의 개발자 구성

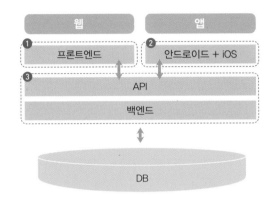

❶ 웹 : 프론트엔드 개발자
❷ 앱 : 안드로이드 + iOS 개발자(or 크로스 플랫폼 개발자)
❸ 공통 : 백엔드 개발자

앞선 설명을 기준으로, 웹과 앱을 개발할 때 개발자 구성을 어떻게 해야 하는지 정리해 보겠습니다. 먼저, 웹과 앱을 개발하기 위해서는 백엔드 개발자가 공통으로 있어야 합니다(위 그림의 ❸). 모든 정보를 처리하는 개발을 하는 사람으로서, 프론트에서 사용할 정보를 만들어서 전달해 주며, 실제 개발 프로젝트의 핵심이 되는 사람입니다.

웹의 경우에는 프론트엔드 개발자(위 그림의 ❶), 앱의 경우에는 각 OS에 해당하는 개발자(위 그림의 ❷)가 필요합니다. 앱을 크로스 플랫폼으로 개발할 경우, 각 OS 앱 개발자 대신 크로스 플랫폼 개발자만 필요합니다. 웹만 개발할 경우, CSR은 프론트엔드 개발자와 백엔드 개발자를 확실하게 구분해서 투입해야하고, SSR은 프론트엔드와 백엔드 구분 없이 모두 개발하는 서버 개발자를 필요로 합니다. 단 SSR은 기능적인 요소가 아닌 업무 분장을 기준으로 프론트엔드와 백엔드를 구분하는 경우도 있으니 참고하기 바랍니다.

Q 본문의 설명대로라면 안드로이드, iOS 구분 없이 한 번만 개발하는 크로스 플랫폼이 무조건 좋지 않나요?

A 기본 효율은 크로스 플랫폼이 좋다고 생각합니다. 하지만 크로스 플랫폼 개발 시, 항상 두 가지 리스크를 고려해야 합니다.

① **개발자 이탈 대처** : 신규 개발 방식인 크로스 플랫폼은 IT 시장에서 일반 앱 개발자보다 인력을 구하기 힘든 경우가 많습니다. 인력에 대한 확실한 준비가 되어 있는지 고려해야 합니다.

② **기능의 디테일 혹은 성능의 저하** : 기본적으로 모든 OS에서 동작하지만, 반대로 생각하면 모든 OS에 최적화된 개발을 하기는 어렵습니다. 개발 기능에 따라서 다소 성능 저하가 있을 수 있습니다.

즉, 개발자 수급이 용이한 상황이고, 개발하려는 앱이 일반적인 기능 수준이라면 크로스 플랫폼 방식이 좋지만, 그렇지 않은 경우는 득실을 고려해서 선택해야 합니다.

개발 방식의 개념 및 장단점

이번 절은 두 번째 시간으로, 모바일 기반의 앱과 웹의 개발 방식을 알아봅니다. 이 개발 방식을 설명하는 이유는 향후 신규 개발 시 상황에 따른 적합한 개발 방식을 선정할 수 있도록 하고, 종종 개발 방식에 대한 잘못된 이해로 어려운 상황을 겪는 문제를 방지하기 위함입니다. 웹과 앱의 개발 방식은 모바일 웹, 웹 앱, 네이티브, 하이브리드, 크로스 플랫폼으로 구분됩니다.

모바일 웹 개발

정의	모바일을 위한 웹 페이지 개발
필요 개발자	웹 개발자 + 퍼블리셔
장점	• 웹 개발만 하면 돼서 작업 리소스가 줄어듦 • 유지 및 보수(수정) 시, 서버 배포만 하면 됨
단점	• 휴대폰의 고유 기능을 사용하기 어려움 • 불편한 접근성(URL을 통해 접속)

첫 번째는 모바일 웹입니다. 모바일 웹 개발은 일반 PC 웹 개발 방식과 동일하나, 화면의 사이즈와 비율이 모바일에 맞춰서 진행된다는 차이가 있습니다.

모바일 웹 개발을 위해서는 웹 개발자와 퍼블리셔가 필요합니다. 모바일 웹은 웹 개발만 하면 되므로, 앱 개발자가 필요 없다는 장점이 있습니다. 그래서 투입 인력의 종류가 단순하고, 개발 이후 유지 보수를 할 때도 웹 개발자(서버 개발자)만 있으면 되므로, 관리가 용이합니다.

관리 관점에서 보면, 앱은 오류가 발생하거나 변경 사항이 생길 경우, 반드시 업데이트를 해야 합니다. 즉, 고객이 앱스토어에서 업데이트를 해야 하는 불편함을 감수해야 합니다. 하지만 모바일 웹은 서버에 배포만 하면 오류 수정이나 변경 내용이 바로 적용되기 때문에, 유지 보수의 관리적인 측면에서는 편한 방식입니다.

단점으로는, 예전에는 모바일 카메라나 NFC 칩을 이용한 기능과 같이 휴대폰 고유 기능을 적용한 개발이 어렵거나 불편했습니다. 하지만 최근에는 모바일 웹 기술이 급진적으로 발전함에 따라 푸시(Push) 기능을 제외한 대부분의 기능이 모바일 웹만으로도 개발이 되면서 단점이 어느 정도 해소되고 있습니다. 하지만 이밖에 불편한 점을 들자면, 전용 앱은 앱을 클릭하는 것만으로 바로 이용이 가능하지만, 모바일 웹은 브라우저에 URL 주소를 입력하거나 검색을 통해서만 접근이 가능합니다. 그래서 운영의 편리함을 가져가되, 접근성에서 다소 불편함을 감수해도 되는 서비스에 많이 적용되는 개발 방식입니다.

모바일 웹 개발 방식은 일반적인 웹 개발 방식과 반응형 웹 개발 방식으로 나뉩니다.

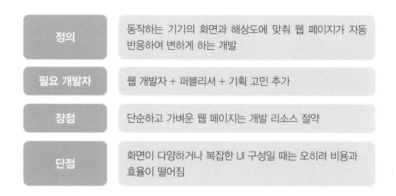

정의	동작하는 기기의 화면과 해상도에 맞춰 웹 페이지가 자동 반응하여 변하게 하는 개발
필요 개발자	웹 개발자 + 퍼블리셔 + 기획 고민 추가
장점	단순하고 가벼운 웹 페이지는 개발 리소스 절약
단점	화면이 다양하거나 복잡한 UI 구성일 때는 오히려 비용과 효율이 떨어짐

두 개발 모두 서비스를 PC와 모바일에서 동시 진행한다는 전제를 가지고 있습니다. 이때 일반 웹 개발은 PC 버전과 모바일 버전을 별도로 개발해서, 사용자가 PC로 접속할 경우에는 PC용 웹으로, 모바일로 접근할 경우에는 모바일 웹으로 연결시켜 줍니다.

반응형 웹은 PC와 모바일 웹을 별도로 개발하지 않고, 같은 웹 화면이 PC로 접속하면 PC 화면에 맞춰서 변경되고, 태블릿이나 모바일 등으로 접속하면 해당 기기의 화면 비율에 맞춰서 자동 변경되는 웹 개발 방식입니다. 반응형 웹 개발을 하는 이유는 크로스 플랫폼과 동일한 이유인데, 개발자가 모바일용 웹과 PC용 웹을 두 번 개발해야 하는 불편함을 없애 효율적으로 개발하기 위함입니다.

반응형 웹은 PC와 모바일을 한 번에 개발한다는 장점이 있지만, 같은 화면을 만드는 데 좀 더 많은 고민이 필요하고 개발에도 더 많은 노력이 들어간다는 단점이 있습니다. 최초 웹 화면을 기획할 당시부터 반응형을 고려한 기획 및 디자인이 적용되어야 하며, 개발 또한 이에 맞춰 일반 웹 개발보다 좀 더 많은 노력이 들어갑니다.

그래서 웹 개발 방식 선택 시에는 무조건 어떤 방식이 좋다기보다는, 개발할 프로그램의 화면이 단순한 구조로 되어 있을 때는 반응형 웹 방식을 이용하고, 화면이 복잡하고 구성 요소나 내용이 많을 때는 PC와 모바일을 별도로 개발하는 방식을 이용하는 식으로 적절한 선택이 필요합니다.

웹 앱 개발

정의	모바일 웹에 앱의 외관을 씌운 개발
필요 개발자	웹 개발자 + 퍼블리셔 + 앱 개발자(적은 비중)
장점	• 웹 개발 중심으로 작업 리소스를 줄임 • 유지 및 보수(수정) 시, 서버 배포만 하면 됨 • 모바일 웹과 달리 전용 앱 사용
단점	• 휴대폰의 고유 기능을 사용하기 어려움 • 소수지만 운영을 위한 앱 개발 리소스가 들어감

두 번째는 웹 앱입니다. 웹 앱은 모든 기능을 모바일 웹으로 개발하고, 그 웹이 앱을 통해서 보이게 하는 방식입니다. 그래서 앱 자체는 웹으로 개발된 페이지를 보여 줄 수 있는 케이스 역할을 하는 개발만 하고, 나머지 모든 화면은 웹으로 개발하는 방식입니다.

쉽게 말하면 껍데기만 모바일 앱으로 만드는 방식인데, 이러한 개발을 하는 것은 모바일 웹의 가장 불편한 단점인 접근성을 해결하기 위해서입니다. 웹은 브라우저에서 URL을 입력하거나 검색을 해서 페이지를 찾아야 하지만, 이렇게 앱으로 껍데기를 씌우면, 사용자는 앱을 설치하여 일반 앱과 같이 쉽게 접근할 수 있습니다.

모바일 웹의 관리 편의라는 장점을 채용하면서 접근성을 해결하는 장점이 있지만, 적은 리소스라고 할지라도 앱 개발이 발생하며, iOS의 경우 앱 기능이 거의 없고 웹만 있는 웹 앱은 심사에서 승인 실패하는 경우가 많으니 주의해야 합니다.

네이티브 개발

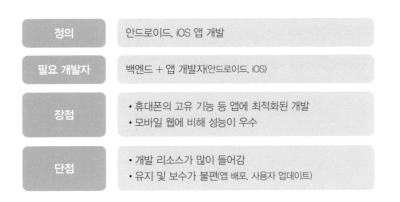

정의	안드로이드, iOS 앱 개발
필요 개발자	백엔드 + 앱 개발자(안드로이드, iOS)
장점	• 휴대폰의 고유 기능 등 앱에 최적화된 개발 • 모바일 웹에 비해 성능이 우수
단점	• 개발 리소스가 많이 들어감 • 유지 및 보수가 불편(앱 배포, 사용자 업데이트)

다음은 네이티브 개발 방식입니다. 네이티브는 웹을 전혀 사용하지 않고, 순수하게 iOS 및 안드로이드 앱으로만 개발하는 방식입니다. 그런데 앱이 네이티브로 개발되었다고 할지라도, 그 앱에서 보여 주는 정보가 서버를 통해서 처리되어야 할 경우에는 당연히 백엔드 서버 개발자가 필요합니다. 예를 들면 은행 앱의 모든 화면 및 기능이 네이티브로 개발되었다고 할지라도 이용자의 계좌 정보를 서버로부터 받아야 한다면, 네이티브 앱이어도 DB에 정보를 처리하고

API를 통해서 앱으로 보내 주는 백엔드 개발은 있어야 한다는 것입니다.

이 방식의 장점은 각 모바일 기종에 따른 기능을 최적화하여 개발한다는 것입니다. 그래서 카메라, NFC 등 휴대폰의 고유 기능에 대해 성능을 내는 데 가장 유리합니다. 단점은 관리 부분입니다. 프로그램의 오타 하나를 변경하려고 해도 앱을 업데이트해야 합니다. 그래서 100% 네이티브로 개발된 앱의 경우, 간단한 오류나 변경에 대한 업데이트가 많으면 사용자 입장에서는 불만이 생기기 쉽습니다. 또한, 크로스 플랫폼에 비해서 개발자가 2배 더 들어가는 단점이 있습니다.

하이브리드 개발

정의	웹 앱 + 네이티브 혼합 방식
필요 개발자	서버 개발자 + 앱 개발자(안드로이드, iOS)
장점	네이티브와 웹 앱의 비중에 따라 양쪽 장점 채용
단점	개발 리소스가 많이 들어감

하이브리드 방식은 앞서 설명한 모바일 웹과 네이티브의 단점을 보완하기 위한 개발 방식으로, 모바일 앱 개발 시 변경이 많은 부분은 웹 앱으로, 변경은 적지만 좋은 성능을 내야 하는 부분은 네이티브로 개발하여, 운영 관리도 편하게 하고 앱의 성능도 좋게 합니다. 이 방식의 단점은 서버 개발자와 웹 개발자 등 개발 인력이 많이 필요하다는 것입니다.

요즘 출시되는 앱들은 대부분 하이브리드 방식을 채용합니다. 단지 웹 앱 개발과 네이티브 개발의 비율이 상황에 따라서 네이티브 80%, 웹 앱 20%가 될 수도 있고, 웹 앱 80%, 네이티브 20%가 될 수도 있습니다. 용어적인 구분은 되어 있지만, 웹과 네이티브의 비율을 어떻게 주느냐에 따라서 하이브리드 개발 방식과 웹 앱 개발 방식의 경계가 모호해집니다. 웹과 앱의 요소가 같이 적용되는 경우에는 하이브리드 개발이라는 표현을 씁니다.

크로스 플랫폼 개발

정의	네이티브 개발, 원소스코드 개발
필요 개발자	크로스 플랫폼 개발자(React Native, Flutter 등)
장점	• 개발의 리소스가 많이 줄어듦 • 유지 비용도 줄어듦(한 가지 분류의 개발자만 필요)
단점	• 네이티브 대비 기능의 섬세함 미흡 • 크로스 플랫폼 개발자 공급 다소 부족

마지막으로 네이티브의 개발 리소스가 많아지는 부분을 보완하기 위해서 나온 방식이 크로스 플랫폼 개발입니다. 일반 앱 개발에 비해 개발 리소스(인력)를 아낄 수 있다는 확실한 장점이 있지만, 순수 네이티브 개발보다 섬세함과 최적화 부분의 성능이 조금 떨어지며, 아직은 크로스 플랫폼을 잘 다루는 개발자가 많지 않아서 사람을 구하는 어려움이 있다는 단점은 항상 생각해야 합니다.

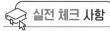

Q 반응형 웹이 한 번 개발로 자동 변환되면, 무조건 더 좋은 게 아닌가요?

A 아닙니다. PC/모바일을 한 번에 개발하는 대신, 같은 페이지 하나를 만드는 노력
은 반응형이 더 들어갑니다. 단순하고 가벼운 웹은 반응형, 복잡하고 보여 주고자
하는 구성 요소가 많으면 일반 웹 개발을 하는 것이 효율적입니다.

Q 웹 앱과 하이브리드 구분이 애매하지 않나요?

A 네, 맞습니다. 웹 앱으로 개발을 시작한 후 네이티브 개발 요소가 늘면 하이브리
드가 되고, 반대의 경우도 발생합니다. 실제 현장에서도 해당 용어를 혼용해서 쓰
는 경우가 많습니다. 그래서 하이브리드 개발이라는 용어를 이용하되, 모바일과
네이티브로 개발할 범위를 명확하게 하는 방식으로 소통하는 것을 추천합니다.

Q 개발 방식을 선택할 때 어떤 기준으로 해야 하나요?

A 우선은 개발자 리소스입니다. 가용한 앱 개발자가 많으면 네이티브 중심, 웹
개발자가 많으면 웹 중심으로 합니다. 그 다음은 관리적인 요소를 고려하여,
업데이트가 빈번할 것으로 예상되는 서비스는 웹 중심, 모바일의 기능이 중요
하면 네이티브 중심으로 개발 방식을 채택하는 것을 추천합니다.

프로그램 개발 도구 및 개발 순서

이번 절은 개발 도구 및 프로세스에 대한 설명으로, 비전공자가 가장 모르는 부분입니다. 몰라도 업무에 큰 영향은 없으나, 개발 도구와 프로세스를 알고 나면 개발자와의 소통에 있어서 상당히 편해집니다. 그리고 이 부분에 중요한 질문이나 이슈가 생겼을 때 여러분의 대응이 참 어려운데, 이번 설명을 통해서 개발자와의 원활한 소통 및 중요한 이슈나 질문에 대응할 수 있는 정보를 제공하겠습니다.

프로그램 개발 도구

개발 도구와 과정은 현실 세계의 것과 상당히 유사합니다. 개발 도구 및 과정을 보기 전에 실제 현실 세계에서 가구를 만드는 과정에서 필요한 것들을 먼저 보겠습니다.

① 가구 재료 (나무, 못, 공구 상자 등)		② 작업장 (작업실, 책상, 커팅 선반 등)	
③ 장식 재료 (손잡이, 쿠션 등)		④ 제작 공정 (골조, 가죽, 장식품)	

첫 번째, 가구 재료가 필요합니다. 기본적으로 가구 조립을 위해서는 나무, 못, 공구 상자 등과 같은 여러 가지 가구 조립을 위한 기본적인 재료와 도구가 필요합니다.

두 번째, 작업장이 필요합니다. 가구 재료를 가지고 일을 할 수 있는 장소로, 작업을 할 수 있는 공간이라는 의미와 함께 작업을 위한 테이블, 커팅용 선반 등 작업 장비가 갖춰져 있는 공간을 뜻합니다.

세 번째, 장식 재료가 필요합니다. 문을 만드는 경우, 문의 모든 것을 다 직접 만드는 것은 아닙니다. 나무로 된 문짝은 직접 만들되, 손잡이 같은 부자재는 직접 철로 된 손잡이를 만들지 않고 외부에서 이미 만들어진 여러 가지 손잡이 중 내 문과 어울리는 걸 찾아서 사용합니다. 내가 만들지 않고 이미 만들어진 장식품을 사서, 완제품을 만드는 데 활용하는 것입니다.

네 번째, 작업의 공정입니다. 같은 문을 만들더라도 현대식 제작 공정은 A → B → C 단계를 거치고, B단계에서 나무를 말릴 때는 건조기에 한 시간 두는 등의 작업 공정을 가지는 반면, 고전적인 작업 공정은 B → A → C로 진행하고 B 단계에서 나무를 말릴 때는 서늘한 곳에서 이틀간 말리는 공정을 가집니다.

이것을 개발과 비교해 보면 개발에는 다음과 같은 것들이 필요합니다.

개발도 가구 재료와 같이 개발을 위한 재료가 필요하며, 이것을 [SDK(개발 재료 모음)]라고 합니다. 그리고 개발을 위한 작업장을 [IDE(통합 개발 환경)]라고 하며, 장식 재료와 같이 남이 이미 만들어 놓은 것을 활용하는 것을 [라이브러리]라고 합니다. 마지막으로 제작하는 공정을 개발에서는 [프레임워크]라고 합니다. 개발을 하기 위한 순서와 방법이 정의된 것이라고 생각하면 됩니다. 그럼 각각에 대해서 자세히 알아보겠습니다.

• SDK

주요 구성 요소		
컴파일러	디버거	API
설명서	라이브러리	편집기
런타임/개발 환경	테스트/분석 툴	드라이버

SDK는 Software Development Kit라는 용어의 약어로, 영문 해석 그대로 소프트웨어를 개발하기 위해서 필요한 키트, 즉 도구 상자를 뜻합니다. 개발

을 위한 도구 상자인 SDK는 컴파일러, 디버거, API, 설명서, 라이브러리, 편집기, 런타임/개발환경, 테스트/분석 툴 등 다양한 도구로 구성되어 있습니다.

이때, 실무와 관련하여 알아야 할 중요한 점이 하나 있습니다. 10년 전 가구 조립을 위한 재료나 도구가 지금의 재료나 도구와 같을까요? 당연히 더 좋아졌습니다. 개발 도구도 마찬가지입니다. SDK는 계속해서 발전합니다. 이러한 도구의 발전과 함께 개발도 발전하는데, 개발 도구는 JAVA 언어 SDK 1.0, 1.1, 1.2와 같이 점점 더 좋아지는 것을 버전으로 관리합니다. 그래서 개발자는 개발 도구를 말할 때 JAVA SDK라고 하지 않고 JAVA SDK 1.7버전이라 말합니다. 버전은 개발자가 일하는 환경이나 상황에 영향을 많이 주기 때문에, SDK에 대한 정보를 주고받을 때는 항상 버전까지 같이 전달하고 관리해 주는 것이 좋습니다.

이러한 버전 업 중 가끔 기존 버전의 SDK에서 제공하던 기능이 다음 버전에서 사라지거나 이름이 바뀌는 경우도 있습니다. 개발자의 필요에 따라 현재 설치된 SDK 버전을 업데이트해야 할 때도 있는데, 이때 변경되거나 삭제된 기능을 프로그램에서 모두 수정해 줘야 합니다. 그래서 SDK라는 개발 도구의 버전을 바꾸는 데에도 적지 않은 개발 공수가 발생합니다. 개발자가 "SDK 버전 업 때문에 개발 공수가 들어갑니다"라고 하면 여러분은 해당 개념을 이해하였으니, "버전 업을 하면서 어떤 항목이 변경되었고, 어느 정도의 수정 작업이 필요한가요?"라고 물어보면서 대처하면 됩니다.

개발자   "기획자 님, 이번에 안드로이드 보안 정책이 강화되면서, SDK 업데이트가 필요하고 이에 따라 작업이 필요합니다."

기획자 및 관리자   "아! 안드로이드 보안을 강화하기 위해서 개발 도구의 버전 업을 해야 하는군요. 작업 소요 시간이 얼마나 들까요?"

TIP   SDK 버전 업을 할 때는, 기존에 정상적으로 작동했던 코드가 비정상 작동하거나 기능이 변경되는 경우가 있으므로, 이를 위한 작업 시간이 필요합니다.

SDK는 초기 개발 환경 구축 시 확정하고 나면 일반적으로는 변경할 일이 없지만, 아래와 같이 변경해야 하는 상황이 발생하기도 합니다.

① **보안 문제** : 특정 버전의 SDK에서 보안의 취약점이 발견되어 상위 혹은 하위 버전으로 업데이트해야 하는 경우

② **기능 문제** : 대대적인 추가 개발을 할 때, 신규 버전의 SDK에서 제공하는 기능을 이용하는 게 좋을 경우

③ **앱의 경우 마켓의 정책** : 안드로이드나 iOS 측에서 일정 시간 유예를 주고, 일괄적으로 특정 버전 이상의 SDK를 업데이트하라는 정책이 발생하는 경우(대부분 보안 문제의 이유)

• **IDE**

주요 구성 요소		
코딩	디버깅	빌드 도구(컴파일 등)
배포	인터페이스	빌드
플러그인	리팩토링	GUI 제공

IDE는 Integrated Development Environment의 약어로, 개발을 위한 작업장을 뜻합니다. SDK를 이용해서 편하게 개발할 수 있도록 개발 환경을 지원하는 작업장 역할을 하는 것인데, 인텔리제이(IntelliJ), 이클립스(eclipse) 같은 것들이 이러한 IDE 툴입니다. IDE는 위 그림과 같이 코딩, 디버깅, 빌드 등을 할 수 있는 환경을 제공하는데, 각각의 구성 요소까지 외울 필요는 없습니다. IDE를 간단하게 이해하자면, 개발자가 검은 바탕에 흰색 글씨로 열심히 코드를 작성하는 프로그램을 생각하면 됩니다. SDK와의 관계는 IDE에서 SDK를 가져다 쓰는 구조입니다.

• 라이브러리

라이브러리를 그대로 번역하면 도서관입니다. 도서관은 여러 사람이 고심해서 만든 정보를 책으로 모아 두고, 필요한 사람이 와서 찾아보고 가져다 이용하는 곳인데, 개발에서의 라이브러리 역시 이와 동일한 콘셉트입니다.

라이브러리를 장식품과 비교해 볼까요? 현실 세계에서 장식품은 두 가지로 나누어 생각할 수 있습니다. 하나는 남이 만든 장식품을 내가 쓰는 것이고, 다른 하나는 내가 만든 장식품을 누군가가 쓰는 것입니다. 예를 들면, 내가 문을 만들 때는 손잡이를 장식품으로 쓰지만, 내가 만든 문이 집을 만드는 사람에게는 장식품이 될 수도 있습니다.

이것을 프로그램으로 볼까요? 누군가 특정 기능을 제공하는 프로그램을 만들어 놓았고 그것을 내가 가져다 쓴다면 라이브러리를 사용하는 것이고, 반대로 내가 만들어 놓은 프로그램의 특정 기능을 다른 사람이 사용하도록 한다면 그것은 라이브러리를 제공하는 것입니다.

🧑 **기획자 및 관리자** "어제 말한 그 기능을 우리가 만들 수 있을까요?"

🧑 **개발자** "네, 지금 해당 기능을 지원하는 오픈소스 라이브러리 찾아보는 중이에요."

🧑 **기획자 및 관리자** "아! 우리가 직접 만드는 것이 아니라, 이미 공개된 라이브러리 중에서 사용 가능한 것이 있는지 찾아보는 거군요. 확인되면 이야기해 주세요."

• 프레임워크

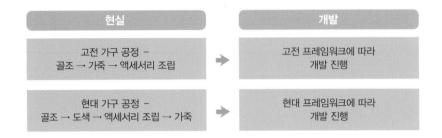

앞서 프레임워크를 개발 공정이라고 정의했습니다. 개발을 위한 공정에는 구조와 순서, 방식이라는 세 가지 콘셉트가 포함되어 있습니다. 흔히 알고 있는 스프링(spring) 프레임워크 같은 것이 이러한 개발을 할 수 있는 구조와 순서, 방식을 가진 프레임워크이며, 개발자는 이 공정에 따라서 개발을 할 수 있는 것입니다.

개발자라면 프레임워크가 무엇인지 다 알고 있습니다. 그래서 "무슨 프레임워크를 쓰나요?"라는 질문을 받으면 "저는 *** 프레임워크를 사용합니다"라고 명확하게 대답합니다. 하지만 "프레임워크란 무엇인가요?"라고 프레임워크에 대한 정의를 물어보면 각자 생각하거나 말하는 게 다릅니다. 이 개념에 대해 자세히 들어가면 생각보다 복잡하기 때문에, 특히 주니어 개발자는 이러한 질문에 제대로 된 답을 하지 못하기도 합니다. 여러분은 단순하게 프레임워크는 개발을 위한 공정이며, 개발을 위한 구조와 순서, 방식을 가진 것이라고 생각하면 충분합니다.

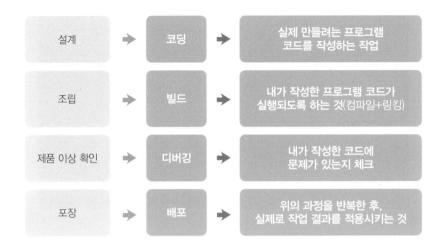

개발은 프로그램 언어마다 조금씩 차이가 있지만, 기본적으로 코딩, 빌드, 디버깅, 배포의 단계를 가집니다. 이것도 현실 세계와 상당히 유사합니다.

이번에는 의자를 만든다고 생각해 봅시다. 맨 처음엔 의자를 어떻게 만들지 설계를 해야 합니다. 이러한 설계도를 만드는 것을 [코딩]이라고 합니다. 실제 프로그램을 만들기 위한 코드를 작성하는 작업입니다. 설계가 끝나면 설계도를 보고 조립을 하는데, 이를 [빌드]라고 합니다. 내가 만든 코드가 실행되도록 하는 것으로, 설계도를 보고 실제 의자를 만들어 보는 것입니다. 이렇게 조립까지 했는데, 뭔가 이상합니다. 설계에 어딘가 결함이 있는 것 같습니다. 그래서 앉아 보기도 하고, 의자를 여기저기 놓고 체크해 보면서 잘못된 원인을 찾습니다. 이 것을 [디버깅]이라고 합니다. 내가 작성한 설계, 즉 코드에 문제가 있는지 찾아 내는 것입니다. 그리고 문제가 있다면 그 다음은 당연히 설계를 다시 해야 합니다. 제품에 이상이 있는 부분을 확인하고 다시 설계하는 과정을 반복하다가, 이제 이상이 없다는 확신이 들 때 그 설계대로 제품을 시장에 내놓습니다. 이것을 [배포]라고 합니다.

각 단계에 대해서 좀 더 자세히 알아보겠습니다.

- **코딩**

개발자가 <u>프로그램 언어를 가지고 설계하는 것</u>을 코딩이라고 합니다. 일반적인 설계는 선을 그리고 모양을 만드는 것으로 생각할 수 있지만, <u>프로그램은 설계를 프로그램 언어로 합니다.</u> 영어를 기반으로 약속된 문법에 따라 말을 작성해서 프로그램을 만드는 것입니다. 위의 화면이 코딩의 예입니다. 실제 코딩에 대해서는 2.4절에서 좀 더 자세히 설명하겠습니다.

- **빌드**

프로그램 언어(java)	사람의 언어, 컴퓨터는 모름
↓	
컴파일	번역기 돌림
↓	
컴퓨터 언어(class)	컴퓨터의 언어, 이제 작동 가능
↓	
연결 작업	작성된 코드의 조립 및 연결
↓	
포장 작업	실행을 위해 필요한 것을 하나로 패키징

코딩 작업으로 설계를 하고 나면 이제 빌드를 진행합니다. 앞서 빌드를 조립하는 것이라고 표현했는데, 빌드 과정을 통해 코딩된 것이 실제로 돌아가는 형태의 독립적인 프로그램으로 구현됩니다. 이때, 빌드를 위한 세 가지 단계가 있습니다.

첫 번째는 컴파일(번역)입니다. 컴퓨터는 사람이 프로그램 언어로 코딩한 내용을 바로 이해하지 못합니다. 그래서 일종의 번역기인 컴파일을 통해 컴퓨터가 아는 형태의 언어로 바꿔야 합니다.

두 번째는 링킹(연결)입니다. 컴파일을 통해 코딩된 것을 동작시킬 준비를 마쳤다면, 실제 설계에서 나온 것을 조립하고, 연결하고, 끼우는 작업입니다.

세 번째는 패키징(포장)입니다. 링킹까지 완료되면, 포장을 해서 실제로 프로그램이 실행될 수 있도록 하나의 패키지 형태로 만들어 줍니다.

빌드는 이와 같이 설계, 즉 코딩된 것을 가지고 번역, 연결, 포장 작업을 해서 프로그램을 사용할 수 있도록 합니다. 참고로 이러한 부분은 프로그램 언어마다 조금씩 다릅니다. 이해를 돕기 위해서 단순화해서 설명한 것이며, 이 정도 개념만 이해해도 무방합니다.

• **디버깅**

다음 과정인 디버깅은 작성된 프로그램에 문제가 있을 때, 그 오류를 찾고 수정하는 것입니다. 디버깅은 개발자에게 있어서 정말 중요한 과정입니다. 문제를 발견했을 때, 이를 수정하는 것은 생각보다 어렵지 않습니다. 하지만 문제의 위치와 원인을 찾기 어려운 경우가 많습니다. 그래서 오류가 발생한 위치나 해당 위치에서의 프로그램 상태를 확인하는 것이 중요합니다. 이를 위해 개발자는 [디버깅 툴]이라는 프로그램을 이용하고, 해당 프로그램을 통해 받은 정보를 기준으로 프로그램의 오류를 수정합니다.

이 과정은 문제가 완전히 해결될 때까지 반복해서 진행하며, 문제가 해결되면 최종 프로그램 개발이 완료됩니다.

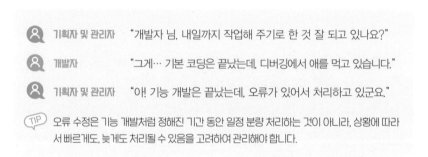

> 🧑 **기획자 및 관리자** "개발자 님, 내일까지 작업해 주기로 한 것 잘 되고 있나요?"
>
> 🧑 **개발자** "그게… 기본 코딩은 끝났는데, 디버깅에서 애를 먹고 있습니다."
>
> 🧑 **기획자 및 관리자** "아! 기능 개발은 끝났는데, 오류가 있어서 처리하고 있군요."
>
> ⌛ **TIP** 오류 수정은 기능 개발처럼 정해진 기간 동안 일정 분량 처리하는 것이 아니라, 상황에 따라서 빠르게도, 늦게도 처리될 수 있음을 고려하여 관리해야 합니다.

• 배포

마지막 과정은 배포입니다. 배포는 <u>개발이 완료된 코드를 사용자가 이용할 수 있는 프로그램의 형태로 변경하고 최종 설치하는 과정</u>인데, 앱이라면 앱스토어에 등록하고, 웹이라면 완성된 프로그램을 서버에 설치합니다. 설치란 결국 완성된 프로그램을 복사하고 실행시키는 것입니다.

깃(Git)과 깃허브(GitHub)

개발 도구 및 과정과 관련해서 깃과 깃허브라는 용어를 많이 들어 보았을 것입니다. 깃은 고급화된 협업을 위한 관리 도구로, 세 가지 대표적인 기능을 가지고 있습니다.

첫 번째는 형상 관리 기능입니다. 형상 관리 기능은 프로그램 소스코드를 안전하게 보호하고, 소스코드의 변경 이력을 관리해 주는 기능입니다. 소스코드를 내 PC에서만 관리하는 것은 매우 위험합니다. PC가 고장 나서 작업한 내용이 사라지거나, 실수로 어제 작업한 것을 지워 버리는 등의 일이 발생할 경우 대처가 불가능하기 때문입니다. 그리고 가끔은 오늘 개발한 내용이 잘못되어, 어제의 작업 상황으로 프로그램 코드를 되돌리고 싶은데, 정신없이 일하다 보면 어디를 어떻게 바꿨는지 알 수가 없습니다. 이를 방지하기 위해서, 작업이 완료된 코드와 다양한 프로그램 정보를 안전한 서버의 특정 위치에 보관하고, 각각의 변경 이력을 관리하는 등의 작업 기능을 제공해 주는 것이 깃의 형상 관리 기능입니다.

두 번째는 협업 지원입니다. 혼자 개발할 때는 상관이 없지만, 여러 명이 함께 개발을 하면 하나의 프로그램 코드를 여러 명이 동시에 작업하는 경우가 있습니다. 이때 여러 사람이 작성한 코드가 충돌하지 않도록 병합하거나, 병합 중 잘못이 발견되면 개발자 간에 상의를 통해 처리하라고 표시해 주는 등 다수의 인원이 협업을 할 수 있도록 지원해 주는 기능입니다.

마지막으로 브랜치 기능입니다. 개발을 하다 보면 한 사람의 아이디어 하나로 개발하는 것이 아니라, 다양한 사람의 아이디어가 여러 개 나오는 경우가 있습니다. 이럴 때, 기본적으로는 하나의 방식으로 진행하지만, 괜찮아 보이는 다른 아이디어를 여러 개의 가지(Branch)로 만들어서 이런 저런 시도를 해 볼 수 있도록 하는 기능입니다.

사실 깃의 이런 기능은 이전에도 비슷한 형상 관리 프로그램이라는 이름의 다양한 개발 도구로 존재했습니다. 그럼에도 깃이 유독 이슈가 되는 것은 깃허브(GitHub) 때문입니다.

그럼 깃허브는 무엇일까요? 단순하게 말하자면, 깃(Git)의 기능을 임의의 서버에 설치해서 이용하는 것이 아니라, 깃에서 제공하는 허브(Hub)인 깃허브(GitHub)를 통해 이용하는 것입니다. 결과적으로 똑같은 것이라고 생각할 수 있는데, 여기에 중요한 개념이 하나 추가됩니다. 깃허브 서비스를 무료로 이용하는 대신, 내가 깃허브에서 관리하는 소스코드를 깃허브의 다른 사용자가 무료로 자유롭게 보고 공유할 수 있도록 하는 것입니다. 최근에는 유료로 지불하면 소스코드를 제공하지 않는 정책도 진행 중이지만, 기본적으로는 무료로 소스코드를 나눌 수 있습니다.

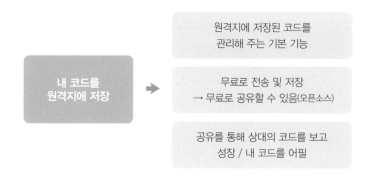

이처럼 남이 만들어 놓은 좋은 코드를 내가 언제든지 볼 수 있고, 반대로 내가 만든 코드를 남들에게 공유할 수 있는 개념이 발생하면서, 예전과 다르게 오픈소스 등 여러 가지 공유의 개념이 넘치는 개발 트렌드에 발맞춰 깃허브가 엄청난 인기를 끌게 됩니다.

제가 아는 개발자 후배는 깃허브를 프로그램 코드의 SNS라고 하기도 합니다. 내가 만든 프로그램 코드를, 그리고 남이 만든 프로그램 코드를 서로 나누고, 그것을 공유하고, 어필하는 것이 개인의 일상이 아닌 소스코드를 기반으로 한 SNS와 같다는 생각입니다. 실제로 개발 현장에서는 깃허브를 이용해서 자신의 개발 역량을 증명하고 인터뷰를 대체하는 등 다양한 용도로 사용하고 있으며, 그 후배는 깃허브에 공유한 소스코드를 통해 실제로 해외에서 몇 차례 입사 제안을 받은 적이 있습니다.

지금까지 개발 도구와 개발 프로세스에 대해 설명하였습니다. 이번 절을 통해서 개발 환경과 실제 개발자가 개발하는 과정을 이해하고, 앞으로 개발 과정 중 발생하는 문제들을 잘 풀어 나갈 수 있길 바랍니다.

2.4
프로그램 개발(코딩) 필수 지식

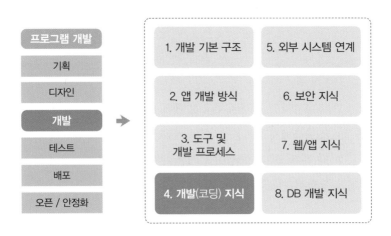

이번 절은 개발(코딩)에 관한 설명입니다. 지난 절의 개발 프로세스에서 설명한 코딩 단계를 코딩 프로세스, 필수 요소, 관련 주요 개념의 순서로 실제 예제와 함께 설명하겠습니다. 설명을 다 보고 나면 "아! 프로그램 코딩 순서는 이렇게 되는데, 개발자가 말했던 단어들이 코딩의 이런 요소였고, 개발자들의 대화에 자주 등장했던 개념이 이런 의미였구나!"라고 이해할 수 있도록 하는 것이 이번 절의 목표입니다.

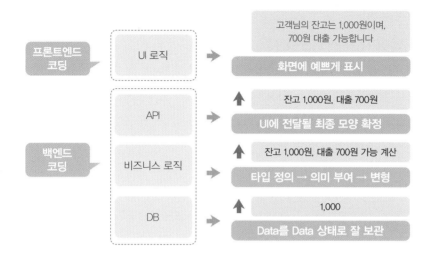

코딩 프로세스는 위의 그림과 같습니다. 그림의 왼쪽은 앞서 배운 개발 구조입니다. 어느 정도 익숙할 거라고 생각됩니다. 개발 구조는 데이터베이스의 Data를 Information으로 만들기 위해 비즈니스 로직을 사용하고, API를 사용하여 데이터를 화면(UI)에 전달하고, 최종 화면에서는 Information이 화면에 예쁘게 표시될 수 있도록 한다고 이야기하였습니다.

당연한 얘기지만 실제 프로그램 코딩도 이런 개발 구조와 동일한 순서로 진행되며, 코드라는 도구를 이용합니다.

코딩 프로세스에 대해서는 예제와 함께 알아보겠습니다. 그림의 오른쪽에 [1000]이라는 Data가 "고객님의 잔고는 1,000원이며, 700원 대출 가능합니다"라는 Information으로 화면에 표시되기까지의 과정이 단계별로 나와 있습니다. 참고로, 이어지는 다음의 설명은 쉬운 이해를 돕기 위해 코딩을 단순화한 것이며, 실제 코딩 처리는 조금 더 복잡한 과정을 가지고 있음을 미리 말씀드립니다.

1단계 : 데이터베이스 접속 및 Data 수집 처리

가장 먼저, 데이터베이스에 있는 [1000]이라는 Data를 비즈니스 로직으로 가져옵니다.

2단계 : Data의 타입 정의

이렇게 데이터베이스에서 가져온 Data를 비즈니스 로직에서 Information 으로 처리하기 위해서는 먼저 데이터의 타입을 정의해야 합니다. 쉽게 말하면 방금 가져온 [1000]이 숫자인지, 글자인지, 시간인지를 정의하는 것입니다. 여러분은 [1000]이 당연히 계산이 가능한 숫자라는 걸 알고 있지만, 이것을 시간 으로 본다면 [10:00]가 될 수도 있고, 차량 번호라고 생각하면 계산이 불가능한 4자리 글자 [1000]이 될 수도 있고, 숫자로 보면 계산이 가능한 [1,000]이 될 수 도 있습니다. 컴퓨터 시스템은 스스로 이러한 구분을 할 수 없기 때문에, 사용할 Data가 어떤 타입인지를 개발자가 정의해야 그 다음 코딩 진행이 가능합니다. [1000]을 숫자라고 정의하면, 이후에 숫자에 적용 가능한 사칙연산(+, −, /, *) 처리를 합니다.

3단계 : Data에 의미 부여

다음 단계는 숫자 [1,000]이 [나의 잔고]를 의미한다고 선언하는 것입니다. 이때 코딩에서는 [나의 잔고]라고 이름을 붙인 상자를 만들고, 그 상자에는 금 액을 의미하는 숫자만 들어올 수 있도록 합니다. 그리고 [1,000]을 [나의 잔고] 라는 상자에 집어넣습니다. 그 이후 계산이나 로직 처리를 할 때는 [1,000]이라 는 숫자 대신, [나의 잔고]라는 상자를 이용합니다. 예를 들면 나의 잔고에 대한 대출금(잔고의 70%)을 계산할 때 [1,000*0.7]이라고 하는 것이 아니라, [나의 잔 고*0.7]이라고 사용합니다. 왜 굳이 이런 과정을 거칠까요? 여러 가지 이유가 있지만, 가장 큰 이유는 나의 잔고가 항상 1,000이 아니라 언제든 변할 수 있기 때문입니다. 최초 1,000원이었다가 100원이 입금되면 1,100원이 되고, 600원이 출금되면 500원이 되는 등 상황에 따라 통장 잔고는 계속 변합니다. 하지만, 이 경우 어떠한 상황에서도 변하지 않는 것은 [나의 잔고]입니다. 그래서 프로그램 코딩 시, 개발자는 코드에 숫자를 직접 넣지 않고, 안에 들어가는 Data는 변하 지만 그 의미는 변하지 않는 [나의 잔고]와 같은 상자의 이름을 이용합니다. 그리고 이를 "안의 내용이 언제든지 변할 수 있는 것"이라는 의미에서 [변수]라고 부릅니다.

4단계 : 변형(로직 처리)

그 다음은 로직 처리입니다. 앞의 과정에서 [1000]이 [나의 잔고 1,000원]이라는 정보화까지 진행했습니다. 여기서 끝날 수도 있고, 입금이나 출금을 통해서 [나의 잔고]를 변경해야 할 경우 변경을 위한 로직을 만들 수도 있으며, [나의 잔고]를 이용해서 [대출금]이라는 새로운 정보를 만들 수도 있습니다. 이러한 로직에 대한 처리가 진행되어야 합니다.

5단계 : API 처리

로직 처리를 통해서 최종적으로 완성된 Information은 이제 API 처리를 통해서 화면(UI) 쪽으로 전달되어야 합니다. 이때 API에서는 UI에 전달될 정보를 [나의 잔고=1,000원], [대출 가능 금액=700원]이라는 형태로 만들고, 화면 쪽에 전달하도록 코딩이 진행됩니다.

6단계 : 화면 표시

API로부터 전달 받은 [나의 잔고=1,000원], [대출 가능 금액=700원]이라는 정보를 "고객님의 잔고는 1,000원이며, 700원 대출 가능합니다"라는 친절한 문구와 함께 화면에 예쁘게 UI를 구성하는 코딩을 하면 마무리됩니다.

Learning TIP

위의 설명은 데이터베이스에 있는 Data를 화면에 UI로 보여 주는 과정에 대한 설명이며, 반대로 화면의 UI로부터 정보를 받아서 데이터베이스에 Data 형태로 저장하는 과정도 코딩에서 진행됩니다.

이때 DB부터 API까지 처리되는 부분이 백엔드 개발자가 진행하는 코딩 부분이며, UI 부분은 프론트엔드 개발자가 진행하는 코딩 부분입니다.

코딩의 필수 요소

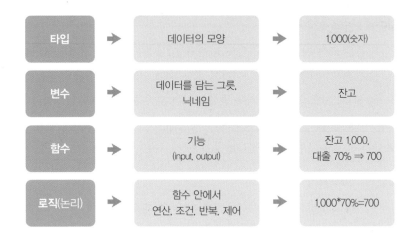

코딩에는 네 가지의 필수 요소가 있습니다. 바로 타입, 변수, 함수, 로직입니다.

첫 번째는 [타입]입니다. [1000]이라는 데이터가 숫자인지, 시간인지, 글자인지 데이터의 모양을 결정하는 것입니다. 두 번째는 [변수]입니다. 방금 전 설명의 [나의 잔고]가 변수입니다. 세 번째는 [함수]입니다. 앞서 [나의 잔고*0.7]이라는 로직을 통해서 [대출 가능 금액]을 계산했는데, 이처럼 프로그램 코딩 중에 계산이나 처리를 하기 위해 이용하는 도구입니다. 간단히 말하자면, [나의 잔고]를 입력하면 [대출 가능 금액]이 자동으로 계산되어 나오는 기능 상자입니다. 이부분은 잠시 후 좀 더 자세히 설명하겠습니다. 네 번째는 [로직]입니다. 시스템의 기능 처리를 위해서 [연산]을 하고, [조건]에 따른 분기를 하고, 처리를 [반복]하고, 상황에 따라서 [제어]하는 것을 말합니다.

이러한 타입, 변수, 함수, 로직이 반복되며 코딩이 진행됩니다. 지금은 이 정도만 이해해 두고, 다음 페이지부터 좀 더 자세히 알아보겠습니다.

• 타입 & 변수

타입은 Data의 모양입니다. [1000]이라는 Data가 있는데 이것이 숫자인지, 글자인지, 시간인지를 모르면 시스템은 이것을 사용할 수가 없습니다. 따라서 Data의 제대로 된 활용을 위해서, 이것은 숫자이며 더하기, 빼기, 곱하기 등의 계산이 가능하다는 것을 시스템에 알려 주어야 하며, 이를 타입 정의라고 합니다.

타입이 정의되면 이를 나의 잔고를 의미하는 [balance]라는 곳에 입력하고, 이후로는 [1,000]이라는 숫자가 아니라 [balance]라는 이름을 사용하게 되는데, 이를 변수라고 합니다. 이렇게 변수를 사용하는 이유는 앞서 설명한 바와 같이, 잔고가 항상 [1,000]이 아니기 때문입니다. 변수는 비즈니스 로직에서 여러 용도로 사용됩니다.

1. 타입 : 정수, 실수, 문자, 텍스트, 날짜 등
2. 변수 : (타입) (변수명 ← 항목의 이름)
　　　　　int balance;
3. 입력 : balance = 1,000;
　　　　　(DB에서 가져온 잔고는 1,000원임을 입력)

개발자는 Data와 Information을 얘기할 때, 항상 타입과 변수를 염두에 두고 얘기합니다. 따라서 여러분이 화면에 잔고라는 입력 창을 만들고 이 화면에 대해 개발자와 이야기를 나눌 때는 잔고의 타입이 무엇인지 미리 생각해 두는 게 좋습니다.

• 함수 & 로직

```
int balance;                          //잔고를 담는 변수 정의
int loan;                             //대출금을 담는 변수 정의
balance = 1,000;                      //잔고가 1,000원이라고 입력
loan = loancal (balance);             //잔고를 입력, 대출금을 출력

/* 함수는 입력값 → 기능 처리 → 출력값을 돌려줌 */

int loancal (balance) {               //출력값 타입, 함수명, 입력값
    loan = balance*0.7;               //로직 계산
    Return loan;                      //출력값 반환
}
```

위의 코드가 실제 개발자의 코드 예시입니다. 그중 위의 3번째 라인까지가 타입을 지정하고 변수를 만들어 변수에 Data를 집어 넣는 코드입니다. 코드의 처리는 다음과 같습니다.

- [int balance;] : 나의 잔고를 관리하기 위해 변수 [balance]를 만들고, 이 변수는 [int(integer, 정수)]를 타입으로 함을 의미하는 코드

- [balance = 1000;] : 나의 잔고를 의미하는 변수 [balance]에 최초 잔고가 1,000원임을 입력하는 코드

일반적으로 [=]를 우리는 "같다"는 의미로 사용합니다. 하지만 개발자에게 있어서 [=]는 입력을 의미합니다. 예를 들면 [balance = 1000;]은 "[balance]는 1,000원이다"는 의미가 아니라 "[balance]에 기존에 어떤 숫자가 있던지 생각하지 말고, 1,000을 입력하라"는 의미입니다. 그리고 코딩에서 "같다"라는 의미를 사용하고 싶다면 [==]를 사용합니다.

함수는 특정 기능을 처리하는 모듈(부품)과 같습니다. 함수는 입력값을 받고, 그 안에서 기능을 처리(계산 등)하고, 그 결과를 출력값으로 내는 구조를 가지고 있습니다. 앞의 코드 중 아래의 코드가 함수를 정의한 코드입니다.

```
int loanCal (balance) {          // 출력값 타입(int), 함수명(loanCal), 입력값(balance)
    loan = balance * 0.7;        // 로직 계산
    return loan;                 // 출력값 반환
}
```

위의 코드를 보면, 다음과 같은 처리를 합니다.

- [int loanCal(balance)] : [loanCal()]이라는 함수를 만들고, 대출금 계산 의 기본값이 되는 [balance]를 입력값으로 받음

- [loan = balance * 0.7;] : [loan]이라는 변수에 [balance * 0.7]을 계산 해서 입력하라는 계산 처리

- [return loan] : 대출금 계산이 완료된 [loan]을 결과로 전달

이것이 개발자가 코딩하는 아주 기초적인 모습입니다. 여러분이 실제 개발자 와 함께 만들고 있는 프로그램은 이러한 변수 선언 및 입력, 함수를 통한 계산 처리, API를 통한 결과 전달 과정이 반복적이고 좀 더 복잡하게 진행되는 것입 니다.

개발자는 대출금 계산 등 기능 처리와 관련된 커뮤니케이션을 할 때, "그래서 입력값이 무엇이고, 계산 로직은 어떻게 되며, 그 결과를 어떻게 돌려 주며, 어

디에 입력해야 하는 건가?"라는 관점을 가지고 대화합니다. 따라서 여러분이 개발자에게 화면을 전달하거나 개발할 기능을 전달할 때는, 항상 [입력값], [처리/계산 로직], [출력값(결괏값)]을 미리 생각해 두고 구분해서 설명하면 보다 효율적으로 대화를 할 수 있습니다.

Learning TIP

"처음부터 코드 중간에 [loan = balance * 0.7;]을 처리하는 것이 함수를 사용하는 것보다 더 좋지 않은가?"라고 생각하는 분이 있을 수 있습니다. 결론은 "아닙니다." 그 이유는 [일괄 처리]와 [일관성] 때문입니다. 예를 들면 대출금 처리를 프로그램에서 100군데 정도 사용한다고 가정하겠습니다. [70%]인줄 알았던 로직이 [80%]로 변경됐을 때, 함수를 쓰면 함수 하나만 변경하여 [일괄 처리]를 할 수 있지만, 함수 대신 직접 코딩을 하는 경우는 [100군데를 모두 변경]해야 하는 불편함이 생깁니다. 또한, 함수를 이용하면 모든 대출금 처리는 동일한 [일관성]을 가지게 됩니다. 하지만 함수를 이용하지 않으면, 사람의 실수에 따라 95개는 맞게, 5개는 [70% 대신 80%]라는 식으로 잘못된 처리가 발생할 가능성이 있습니다. 그래서 개발자는 반복되는 기능 처리를 하는 로직은 반드시 함수를 만들어서 처리합니다.

함수와 관련해서 자주 쓰이는 단어로 [인풋 파라미터]와 [아웃풋 파라미터]가 있습니다. [인풋 파라미터]는 함수 계산을 위한 [입력 변수]를 의미하고, [아웃풋 파라미터]는 그 결과를 전달하는 [출력 변수]를 의미합니다. [파라미터]를 번역하면 매개 변수라는 뜻인데, 용어 자체의 의미로는 함수 계산을 위해 매개체 역할을 하는 변수 정도로 이해하면 됩니다.

👤 **개발자** "기획 문서에 정확히 안 나와서 문의 드립니다. 대출금 계산 로직, 인풋 파라미터가 뭐예요? 타입은요."

👤 **기획자 및 관리자** (아! 대출금 계산을 위한 입력값을 물어보는 거구나!) "네, 인풋 파라미터는 잔고이고, 타입은 정수입니다."

• 데이터 타입 & 데이터 값

데이터 타입 (종류)	데이터 값 (내용)
숫자	50
날짜	2023-01-01

[데이터 타입]과 [데이터 값]을 혼동하는 경우가 종종 있는데, [데이터 타입]과 [데이터 값]은 다른 것입니다. [데이터 타입]은 숫자, 날짜 등 데이터의 형태를 말하며, [데이터 값]은 실제 데이터에 들어가는 "50", "2023-01-01"과 같은 값을 말하는 것임을 혼동하지 않도록 합니다.

1. 잘못된 예시

개발자 기획자 님! [나의 잔고]의 [데이터 타입]이 뭔가요?

기획자 및 관리자 네! 나의 잔고는 [1,000원]입니다.

2. 바람직한 예시

개발자 기획자 님! [나의 잔고]의 [데이터 타입]이 뭔가요?

기획자 및 관리자 네! 데이터 타입은 [숫자]이고, 단위는 [원]입니다.

코딩과 관련된 주요 개념

지금부터는 코딩과 관련된 주요 개념에 대해서 설명하겠습니다. 참고로 이 부분은 여러분이 완벽하게 기억하거나 이해할 필요는 없으나, 개념에 대한 대략적인 이해가 있다면 개발자와의 소통에 많은 도움이 되는 내용입니다.

• 자료 구조

첫 번째로 [자료 구조]입니다. 사전적 의미로는 [데이터 값의 모임, 데이터 간의 관계, 데이터에 적용할 수 있는 함수나 명령]이라고 정의되어 있습니다.

개발자가 Array, LinkedList, HashTable, Stack 등의 용어를 사용하는 것을 들어 본 적이 있나요? 이런 것들이 자료 구조입니다. 이 절에서 [int]라는 정수형 변수 타입에 대해서 소개했는데, 실제 개발에서는 이렇게 단순한 변수와 함께 더 복잡한 정보를 여러 개 담아서 처리해야 하는 경우가 많습니다. 이러한 복잡한 변수 모음을 쉽게 처리하기 위해서, 여러 개의 값을 모으고, 순서를 매기고, 검색하고, 해당 값을 로직으로 잘 처리할 수 있도록 다양한 기능을 부여해 둔 것이라고 할 수 있습니다. 개발자가 [자료 구조]에 대해 이야기하면, "아! 복잡한 데이터 구조 처리에 대해 얘기하는구나!"라고 이해하면 됩니다.

• 알고리즘

[알고리즘], 뭔가 좋아 보이고 중요해 보이는 표현입니다. 사전적 의미로 [컴퓨터 과학에서 말하는 알고리즘은 보통 반복되는 문제를 풀기 위한 작은 프로시저(진행 절차)]라고 설명하고 있습니다. 배경 지식에 따라서 이해가 되는 분도 있고, 이해가 어려운 분도 있을 것입니다. 조금 쉽게 표현하면 [복잡한 로직을 잘 만들 수 있도록 하는 기법]입니다.

개발자와 대화 중 "나는 무슨 무슨 알고리즘을 사용해서"라는 얘기를 듣는다면, "뭔가 복잡하고 어려운 것을 만들어야 하는데, 개발자 본인이 직접 그것을 만들기보다 기존에 그런 문제를 잘 해결하도록 누군가가 만들어 놓은 방법론을 사용하는구나"로 이해하면 됩니다.

• 프로세스와 스레드

프로세스	스레드
한번에 이어지는 프로그램 처리	동시에 다른 프로그램도 처리
한 번에 한 작업	동시에 여러 작업

프로세스와 스레드는 자세히 알아 두면 좋습니다. 이유는 실제 개발자가 기획자나 관리자에게 이와 관련된 문의를 하는 경우가 종종 있으며, 그 문의에 대한 대답이 중요하기 때문입니다. 이 개념은 개발자 수준으로 이해하기는 어렵습니다. 비전공자는 이 개념에 대한 설명을 들을수록 더 어렵게 느끼므로, 비전공자 입장에서 설명하고 이해해야 합니다.

단순하게 설명하자면, 프로세스는 한번에 이어지는 프로그램 처리이고, 스레드는 다른 일도 동시에 하는 처리입니다. 무슨 말인지 알 듯하면서도 명쾌하게 이해가 되지 않습니다.

프로그램을 이용하다 어떤 버튼을 눌렀을 때, 화면에 로딩 바가 나오면서 해당 기능의 처리가 끝날 때까지 아무것도 못하는 경우가 있습니다. 이것을 [프로세스]라고 합니다. 한 번에 하나만 처리하며, 이것이 끝날 때까지 다른 일을 못하는 것입니다. 반면, 버튼을 누르면 실제 진행 중인 처리가 화면에 표시되는 와중에 다른 버튼을 누르며 처리할 수 있는 경우가 있습니다. 이것을 [스레드]라고 합니다. 한 번에 여러 개가 동작하는 것입니다.

앞으로 개발자가 시스템 개발 중에 "이 기능은 스레드 처리해야 하나요?"라고 물어보면, '아! 이 기능이 동작하는 동안 다른 기능도 쓸 수 있게 해야 하는지에 대한 질문이구나'라고 생각하고, 해당 기능이 다른 기능에 영향을 많이 미치고 빨리 끝나야 하는 경우는 프로세스로, 해당 기능이 오래 걸리는 작업인데 다른 기능과 별개로 동작 가능한 경우는 스레드로 처리해 달라고 합니다.

• 트랜잭션

다음은 [트랜잭션]입니다. 이는 상당히 중요한 개념이며, IT 업무 중 다양한 곳에서 중요한 타이밍에 해당 용어가 등장합니다.

먼저 사전적 의미를 보면, 데이터베이스 상태를 변환시키는 하나의 논리적 기능을 수행하기 위한 작업 단위로 기술되어 있는데, 그 설명이 어렵습니다. 이해를 위해 좀 더 정보를 찾아보니 원자성, 일관성, 독립성, 지속성을 가진다고 합니다. 정보를 찾을수록 더 어려워집니다.

간단하게 설명하면, ALL OR NOTHING입니다. [하든지 말든지 중간이 없음]이라는 얘기입니다. DB에서 사용될 때는 [중간에 멈추면 큰일나니, 원래대로 돌려야 하는 단위]라는 의미입니다. 프로그램 입장에서는 [여기까지는 최소 한번에 처리해야 해]라는 의미이며, 일반적으로는 최소 업무 단위를 의미합니다.

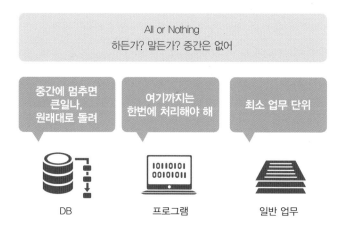

All or Nothing
하든가? 말든가? 중간은 없어

중간에 멈추면 큰일나, 원래대로 돌려	여기까지는 한번에 처리해야 해	최소 업무 단위
DB	프로그램	일반 업무

최대한 간단하게 설명하였지만, 여전히 이해가 잘 안될 것이라고 생각됩니다. [트랜잭션]은 개념에 대한 이해보다 먼저 실제 사례를 통해 구체적인 현상을 이해해야 합니다.

위 그림은 우리가 현금을 인출할 때의 상황입니다. 현금 인출을 위해서 먼저 현금 인출기에서 1,000원을 인출해 달라고 요청합니다. 그러면 현금 인출기가 은행에 있는 서버에게 "이 사람이 1,000원 달라고 하는데, 1,000원을 줘도 되나요?"라고 물어봅니다. 서버는 해당 고객의 잔고를 보고 "네, 잔고가 충분합니다. 잔고에서 1,000원 인출 처리하겠습니다. 고객님께 돈을 인출해 주세요"라고 정보를 보냅니다. 그러면 은행 서버는 잔고에서 1,000원을 차감하고, 현금 인출기는 고객에게 1,000원을 지급합니다.

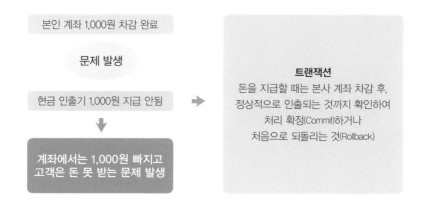

그런데 이러한 처리 중간에 이상이 생기면 심각한 문제가 발생합니다. 위의 그림을 보면, 이전과 동일하게 처리 중에 본인 계좌에서 1,000원이 정상적으로

차감되었는데, 네트워크에 갑자기 문제가 발생합니다. 서버에서는 1,000원을 차감하고 인출기에 돈을 보내라는 정보까지 전달했는데, 네트워크 문제로 현금 인출기는 고객에게 1,000원을 지급해 주지 않고 멈춥니다. 이때, 고객 입장에서 잔고에서는 1,000원이 빠졌는데, 정작 인출기에서는 지급받지 못하고 1,000원을 손실하는 상황이 발생하게 됩니다.

그럼 이러한 문제를 어떻게 처리하는 것이 좋을까요? 가장 좋은 방법은 중간에 네트워크 같은 문제가 발생하지 않도록 하는 것입니다. 하지만 현실적으로 어떠한 문제도 발생하지 않게 하는 것은 불가능합니다. 그래서 이러한 불안전한 상황에 대한 대비를 반드시 해야 합니다. 이때 트랜잭션이라는 개념이 등장합니다. 이번 예에서는, 돈을 차감하고 지급하는 것까지 모두 처리되면 정상적으로 처리를 확정하고, 만약 중간에 문제가 생기면 아예 처음부터 아무것도 없었던 것처럼 원래대로 돌리는 방법입니다. 이렇게 하면 고객이 현금을 지급받지는 못하지만, 잔고에는 문제가 없습니다. 이때, 중간에 문제가 발생해서는 안 되는 처리의 단위를 묶어서 [ALL OR NOTHING], 즉 전부 처리되거나, 중간에 문제가 생기면 아무 일도 없었던 것처럼 원래대로 돌리는 단위를 [트랜잭션]이라고 합니다.

앞서 간단하게 정리했던 [ALL OR NOTHING]이나 [여기까지는 최소 한 번에 처리해야 하는 단위]가 이제는 이해되었죠?

프로그램과 DB에서 사용되는 트랜잭션이라는 표현은 콘셉트 자체는 유사하지만, 조금 더 구체적으로 보면 약간의 차이가 있습니다. DB에서 트랜잭션을 표현할 때는 데이터베이스 안에 있는 데이터가 중요하기 때문에, 중간에 멈추면

반드시 원래대로 돌려야 한다는 의미가 강합니다. 반면 프로그램 개발에서는 최소 여기까지는 한 번에 처리되어야 한다는 의미가 강합니다.

(8) 개발자 "물건 구매 후 잔액에 대해서 트랜잭션 처리가 안돼서 큰 문제가 발생했어요."

(8) 기획자 및 관리자 (아, 물건을 구매해서 구매 금액만큼 잔액이 줄어들어야 하는데, 한 번에 처리가 안돼서 물건이 팔렸는데도 잔액은 안 줄어드는 문제가 발생했구나.) "그럼 빨리 데이터 조치하고, 구매할 때 잔액까지 트랜잭션 처리 부탁드립니다."

Learning TIP

트랜잭션은 IT 분야에서 상당히 광범위한 의미로 사용되고 있습니다. 지금 설명한 내용은 개발과 직접적으로 관련된 표현으로 사용될 때의 의미이며, 일반적으로는 [업무 단위]의 의미로도 많이 사용되고 있습니다.

(예) "하루에 입금 업무가 얼마나 빈번하게 발생하고 있나요?"를 "입금 트랜잭션 빈도는 어느 정도 발생하나요?"로 표현

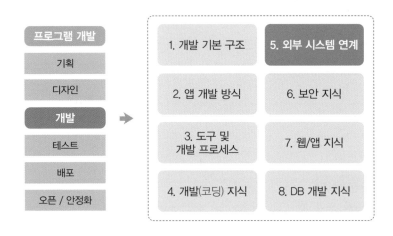

2.5

외부 시스템 연계를 위한 실전 지식

이번 절은 외부 시스템 연계에 대해 알아봅니다. 프로젝트를 진행하다 보면 외부 시스템과 연계해야 하는 상황이 생각보다 많이 발생합니다. 외부 시스템 연계는 당연히 외부 인력과 협의해야 하므로, 단순히 기술을 아는 개발자가 리딩하기보다는 프로젝트를 관리하는 PM 및 기획자가 개발자와 함께 외부 담당자와 업무 협의를 하고 의사 결정을 합니다. 이때 외부 담당자와 연계에 대한 협의를 어려워하는 경우가 상당히 많습니다. 하지만 연계가 어려운 것 같아도, 기본적인 개념만 확실히 이해하면 충분히 잘 협의할 수 있습니다. 이번 시간에는 연계와 관련된 기본 지식과 함께 연계 협의를 진행하는 방식에 대해서 상세히 알아보겠습니다.

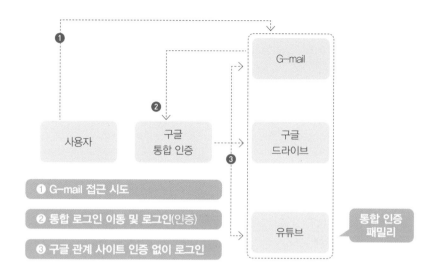

① G-mail 접근 시도

② 통합 로그인 이동 및 로그인(인증)

③ 구글 관계 사이트 인증 없이 로그인

통합 인증 패밀리

본격적으로 연계에 관한 설명을 하기 전에, 관련해서 자주 나오는 [SSO]라는 개념부터 알아보겠습니다. [SSO]는 [Single Sign On]의 약어로, 한 번(Single)의 인증(Sign)으로 여러 시스템에 로그인(On)하는 것을 말합니다.

예를 들어, G-mail, 구글 드라이브, 유튜브를 이용한다고 합시다. G-mail 서비스를 이용하기 위해서는 G-mail에 로그인해야 합니다. 이때, G-mail 로그인 버튼을 누르면, G-mail 사이트에서 직접 로그인하는 게 아니라 구글 통합 인증 사이트로 연결되고, 이 통합 인증 사이트에서 로그인을 합니다. 이렇게 로그인이 완료되면 G-mail 화면으로 이동하여 메일 서비스를 받습니다. 이후, G-mail에서 유튜브로 이동하면, 별도의 유튜브 계정 로그인 없이도 자동으로 로그인이 된 상태로 유튜브를 이용할 수 있습니다. 이와 같이 G-mail, 구글 드라이브, 유튜브처럼 완전히 다른 시스템이지만 한 번의 통합 인증을 거쳐 모든 서비스를 받는 것을 SSO라고 합니다.

그런데 SSO가 IT 현장에서 다른 의미와 혼재되어 사용되는 경우도 많습니다. 바로 다른 시스템과 연계 로그인을 하는 것입니다.

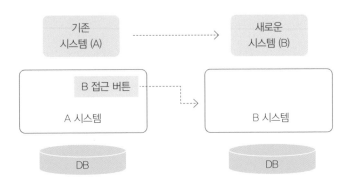

예를 들면, 기존에 A라는 시스템이 있는 회사에 들어가서 새로운 B시스템을 만들었습니다. 그런데 회사의 사용자들이 새롭게 만들어진 B시스템을 이용하려다 보니, A시스템과 B시스템을 따로 로그인해야 하는 불편함이 생깁니다. 그래서, A시스템에 B시스템으로 연결되는 버튼을 만들고, 버튼을 클릭하면 A시스템에서 B시스템으로 연결되면서 자동으로 로그인되도록 만듭니다. 바로 시스템 간의 로그인 연계를 하는 것입니다. 엄밀히 말하면 이는 SSO가 아니지만, IT 현장에서는 이런 로그인 연계를 SSO라고 표현하는 경우가 많으니 참고합니다.

로그인 연계에는 다양한 방법이 존재하는데, 다음은 자주 이용되는 몇 가지 방식입니다.

첫 번째, 별다른 제약 없이 시스템 연결 버튼에 이동할 사이트의 주소를 링크하면, 아이디 정보를 넘겨 주면서 B시스템으로 이동하고, B시스템에서는 이것을 바로 로그인 처리해 주는 방식입니다. 이 방식은 간단하지만 보안적으로는 상당히 취약합니다. 그래서 일반 인터넷을 이용하는 경우에는 많이 사용하지 않지만, A와 B 두 시스템이 모두 외부 사람들이 접근하지 못하는 내부의 망 안에 안전하게 있는 경우는 이 방식을 이용해서 간편하게 로그인 연결을 하는 경우가 많습니다.

두 번째는 별도의 인증 절차를 거치는 방식입니다. 양쪽 시스템 간에 서로 약속된 연결임을 인증해 줄 수 있는 토큰(티켓) 등을 발행함으로써, 아무에게나 로그인 연결을 해 주는 것이 아니라 인증을 받은 시스템 간에만 로그인 연계가 되도록 하는 방식입니다. 여기서 인증 토큰 등의 기술을 상세히 알 필요는 없습니다. 안전한 연계를 위해서 양쪽 시스템 간에 인증을 위한 토큰을 발행하는 기술이 있음을 이해하고, 보안의 정도에 따라 이러한 인증 절차를 거칠지 생각한 후, 개발자에게 이를 적용할 수 있도록 협의하는 방식으로 일을 진행하면 됩니다.

마지막으로 A-B 양쪽 시스템 간에 ID 정보를 공유하여 DB에 저장해 놓고, 연결 시 암호화된 ID 및 PW 정보를 받아서 해석하고, 우리 쪽 DB에 있는 계정 정보와 동일한지 확인 후 동일한 경우에 자동 로그인을 시켜 주는 방식도 있습니다.

이 외에도 다양한 방법이 있는데, 이 정도의 개념만 이해해도 충분한 협의가 가능합니다.

🧑 **개발자**   "우리 시스템이랑 저쪽 시스템이랑 SSO 진행해야 하나요?"

🧑 **기획자 및 관리자**   "네. 인증 확인하고 ID 전달받아 연계하는 방식으로 진행하기로 했습니다."

💬 TIP   시스템 간 로그인 연계를 SSO로 표현하는 경우입니다. 연계될 시스템 간의 보안을 고려하여 연계 방식을 협의합니다.

Learning TIP

IT 현장에서 전문적인 IT 기술을 지닌 개발자 외에 많은 분들이 SSO를 통합 인증보다는 시스템 간 로그인 연계의 개념으로 알고 있습니다. 업무 협의 시 SSO라는 용어가 나오면 통합 인증의 개념과 시스템 간 로그인 연계의 개념을 함께 염두에 두고, 협의를 하는 상대방이 어떠한 의도로 얘기하는 것인지를 잘 파악하는 것이 중요합니다.

외부 시스템 연계 케이스

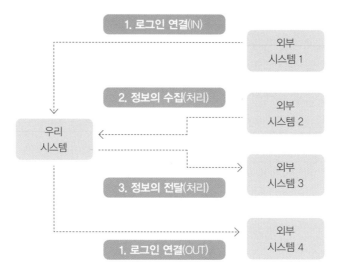

외부 시스템 간의 연계는 다양한 상황과 경우가 있겠지만, 대부분 3가지 기본 구조를 벗어나지 않습니다.

- 첫 번째, 로그인 연결 : SSO 참고
- 두 번째, 정보의 수집 : 외부 시스템으로부터 내가 필요한 정보를 받는 경우
- 세 번째, 정보의 전달 : 외부 시스템에 내가 가지고 있는 정보를 전달하는 경우

위의 내용을 정리하면, 외부 시스템 연계는 결국 시스템 간의 로그인을 연결하거나, 필요에 따라서 정보를 주고받는 연결을 하는 것입니다. 첫 번째 로그인 연결은 앞서 설명하였으므로, 두 번째와 세 번째 부분을 좀 더 자세히 알아보겠습니다.

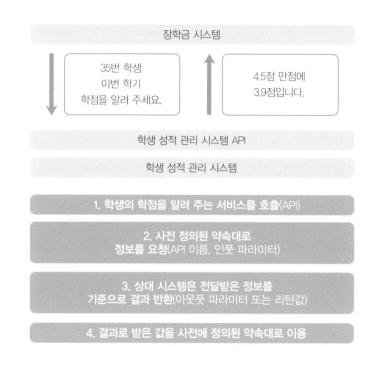

정보 수집은 <u>외부 시스템으로부터 우리 시스템이 필요로 하는 정보를 받는 경우</u>입니다.

예를 들어 보겠습니다. 학생들에게 장학금을 지급하는 시스템을 만들고 있습니다. 우리 시스템은 학생의 성적을 관리하지는 않고, 단순히 학생 성적에 따라서 장학금을 지급하는 시스템입니다. 이때 장학금을 주려면 당연히 학생들의 성적을 알아야 하는데, 앞서 말한 바와 같이 우리 시스템에는 성적 정보가 없습니다. 그리고 학생의 성적 정보는 기존의 [학생 성적 관리 시스템]에 있습니다. 이때 우리가 만들려는 [장학금 시스템]은 연계를 통해서 [학생 성적 관리 시스템]으로부터 학생의 성적 정보를 받아야 합니다. 이런 경우가 바로 정보를 수집하는 연계를 필요로 하는 상황입니다.

그러면 정보를 어떻게 수집할까요?

첫 번째, [장학금 시스템]에서 [학생 성적 관리 시스템]에게 "35번 학생의 이번 학기 학점을 알려 주세요!"와 같이 우리가 필요로 하는 정보를 요청합니다. 이때, 정보 요청은 마음대로 하는 것이 아니라 사전에 서로 정보를 주고받기로 약속을 정하고, 정해진 약속대로 요청을 합니다.

두 번째, [학생 성적 관리 시스템]은 요청을 받고, 필요한 정보를 조회한 후 [장학금 시스템]에 정보를 전달합니다.

세 번째, [장학금 시스템]은 전달받은 정보를 확인하여 장학금 지급 업무에 이용합니다.

이렇게 정보를 연계하는 데에는 2가지 방법이 있습니다. 정보를 받는 쪽에서 제공하는 쪽의 DB에 접속해서 정보를 가져오는 방법과, 정보를 제공하는 쪽에서 프로그램을 만들어서 정보를 주는 방법입니다. 그러면 2가지 방법 중 어떤 방법으로 진행해야 할까요? 당연히 두 번째 방법입니다. 첫 번째 방법은 다른 시스템이 마음대로 들어와서 볼 수 있게 하는 것이므로 보안상 위험합니다. 따라서 시스템 연계의 경우, 반드시 정보를 제공하는 쪽에서 정보 제공을 위한 프로그램을 만들어 줘야 합니다. 이전에 프로그램 구조에서 정보를 제공하기 위해서 만드는 프로그램을 뭐라고 했는지 기억하나요? 네, 바로 API입니다.

정보를 제공하는 쪽에서 API 프로그램의 이름, 인풋 파라미터(입력값), 아웃풋 파라미터(결괏값)를 알려 줘야 정보를 받는 쪽에서 프로그램 이름을 호출하고, 정확한 입력값을 넣고, 결괏값을 제대로 확인할 수 있습니다. 이러한 API의 정의를 명세한 것을 인터페이스(I/F) 정의서라고 합니다. 그러면 인터페이스 정의서에는 어떤 내용들이 들어갈까요?

- **인터페이스 정의서(I/F 정의서) 구성**

인터페이스명 (호출을 위한 URL)	➡	www.abc.com/디렉토리/ 인터페이스명
인풋 파라미터 (정보 조회를 위한 조건 정의)	➡	StdNo(학번, String), Year(조회연도, int)
아웃풋 파라미터 (정보를 반환하는 조건 정의)	➡	point(학점, float), error(예외정보, string)
인터페이스 방식	➡	Restful API 방식, JSON 형식

인터페이스 정의서는 4가지 정보로 구성됩니다.

첫 번째, 인터페이스를 호출하기 위한 URL 및 인터페이스명 정보입니다. 이 내용을 보고 정보를 요청하는 쪽에서는 필요로 하는 API를 정확하게 호출합니다.

두 번째, 인풋 파라미터(입력값) 정보입니다. 정보를 요청하는 쪽에서 정보를 받기 위한 기준을 전달하는 것입니다. 예를 들면 특정 [학번]을 가진 학생의 정보가 조건이라면, 인풋 파라미터는 [학번]이 됩니다.

세 번째, 아웃풋 파라미터(결괏값) 정보입니다. 정보를 요청하는 쪽에서 필요로 하는 결과 정보를 정의한 것입니다. 이 경우에는 [학점]이 아웃풋 파라미터가 됩니다. 이때, 아웃풋 파라미터는 정상적인 결과와 함께 예외 상황에 대응 가능한 정보를 함께 전달해야 합니다. 예를 들면, 요청한 학번의 학생이 없는 경우, 보내 줄 학점 정보가 없다는 예외 상황에 대한 정보를 전달해야 합니다.

네 번째, 인터페이스 방식입니다. 이 부분은 개발자들이 상호 간에 연계 가능한 방식을 협의하는데, 보통은 Restful API 방식을 많이 사용합니다.

여기서 한 가지 확인할 수 있는 것이 있습니다. 바로 API를 만드는 것은 정보 제공자이지만, 인터페이스 정의서에 들어가는 내용은 정보를 필요로 하는 쪽에서 정해야 한다는 것입니다. 따라서 외부 연계를 위한 인터페이스 정의서 정리를 위해서는, 양쪽 시스템의 관리자가 만나서 어떤 정보가 필요하며, 어떻게 만들지를 함께 협의해야 합니다.

• 정보 수집 연계 협의 방안

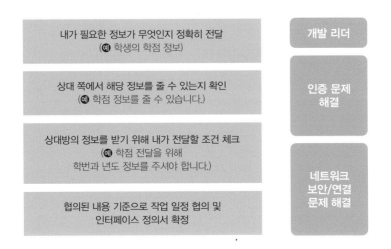

이러한 연계와 관련된 협의 시 어떻게 대응해야 할까요?

정보 수집 연계 협의를 할 때, 정보를 필요로 하는 쪽보다는 정보를 제공하는 쪽에서 개발해야 할 일이 더 많은데, 정보를 제공하는 입장에서는 하지 않아도 될 일을 해야 하는 불편한 상황이 생길 수 있습니다. 원활한 업무 협의를 위해서는 정보를 요청하는 쪽에서 사전에 확실히 준비해서, 정보를 제공하는 쪽이 의사 결정이나 일을 쉽게 할 수 있도록 만들어 줘야 합니다.

연계 협의 진행은 다음과 같은 방법으로 합니다.

첫 번째, 내가 필요한 정보를 사전에 문서 형태로 정리하고 연계 회의 전에 반드시 메일 등을 통해서 전달하여, 정보 제공자가 필요한 내용을 미리 확인할 수 있도록 합니다.

두 번째, 메일 등을 통한 연락 혹은 필요 시 미팅을 진행해야 합니다. 이 미팅에서는 내가 필요로 하는 정보를 정확히 설명하고, 상대방이 해당 정보를 제공할 수 있는지를 먼저 확인합니다. 그리고 정보 제공이 가능할 경우, 정보를 주고받기 위한 상세 조건 및 결과를 어떤 식으로 받을지에 대한 협의를 진행합니다.

세 번째, 이러한 정보에 대한 업무 협의와 함께, 양쪽 개발 리더 혹은 개발자들은 연계를 위한 개발 요소를 점검해야 합니다. 대표적으로 시스템 연계 시 보안을 위해서 [인증]을 어떻게 할지, [네트워크] 연결에 문제는 없는지, 방화벽 오픈 등의 협의를 진행합니다.

네 번째, 업무 협의 및 개발 협의가 완료되면, 해당 작업을 진행할 일정을 정리하고, 협의된 내용을 반드시 회의록으로 작성하여 공유하고, 회의 내용을 기초로 한 인터페이스 정의서를 확인한 후 개발을 진행합니다.

Learning TIP

연계 개발은 양쪽이 개발하고 테스트할 것을 고려하여, 일반 개발보다 일정을 여유 있게 계획하는 것이 좋습니다. 그리고 연계 시 반드시 체크해야 할 것 중 하나가 [방화벽 오픈]입니다. 개발 환경에서 연계 개발을 마친 후, 운영 환경에서 서버 간의 방화벽 오픈을 하지 않아서 문제가 되는 경우도 종종 발생합니다.

정보 전달 연계 케이스

장학금 시스템

장학금 시스템 API

이번 달 장학금
입금해야 할 학생 및
금액 정보 전달 바랍니다.

홍길동 100만원,
김길동 50만원입니다.

계좌 이체 시스템

1. 장학금 정보를 전달할 서비스 준비(API)

2. 호출받은 정보의 확인(API 이름, 인풋 파라미터)

3. 확인받은 정보대로 정보 추출(비즈니스 로직)

4. 약속된 규격대로 정보 전달(아웃풋 파라미터 or 리턴값)

이번에는 정보를 전달하는 상황입니다. 장학금 시스템에서 계좌 이체 시스템으로 실제 장학금을 지급해야 할 학생의 이름과 금액 정보를 전달해야 합니다. 정보를 전달하는 케이스는 정보를 받는 쪽과 주는 쪽의 입장이 수집의 케이스와 반대일 뿐 프로세스는 동일합니다. 우리가 정보를 제공하는 제공자가 되면, 수요자 때와는 다르게 API를 우리 쪽에서 개발해야 하며, 인터페이스 정의서는 정보 요청자 측에서 작성하는 것이 기본입니다. 또한, 우리 시스템의 일부분을 열어서 정보를 제공해야 하기 때문에 보안 문제를 반드시 확인해야 합니다. 정보 제공을 위한 연계 시, 가능한 네트워크 보안 제공 방식이나 제약 사항을 반드시 담당자에게 미리 확인해야 합니다.

연계 필수 체크 사항

인터페이스 연계 진행을 할 때, 반드시 체크해야 될 사항들이 있습니다.

첫 번째, 네트워크 연결 확보입니다. 이는 무조건 먼저 확인해야 할 사항으로써, 네트워크 연결에서 방화벽 설정이 오픈되지 않거나, 너무 늦게 되어서 일정이 지연되는 경우가 상당히 많이 발생합니다. 따라서 사전에 네트워크 연결성을 확보하고 진행해야 합니다.

두 번째, 정보 보안입니다. 인터페이스를 통해서 정보가 전달될 때, 이 정보가 오픈된 상태로 전달되어도 되는 정보인지 아니면 엄격한 데이터 암호화를 통해 보안 관리되어야 하는 정보인지 잘 확인해야 합니다.

세 번째, 예외 상황에 대한 확실한 협의가 필요합니다. 요청한 정보를 줄 수 없는 상황이나, 한쪽 시스템에 문제가 생겼을 때 상대 시스템에 영향을 주지 않도록 하는 등 예외 상황을 꼼꼼히 체크하지 않으면, 긴급한 상황에 큰일이 벌어질 수도 있습니다.

네 번째, 진행 일정 관리입니다. 연계 개발은 말 그대로 한쪽에서만 개발하는 것이 아니기 때문에, 우리가 일정을 잡고 계획을 철저히 세웠어도 상대방에 문제가 생기면 대기해야 하고, 이렇게 지연되는 만큼 업무에 리스크가 생길 수 있습니다. 따라서 확정된 일정을 주변 관련자에게 전체 공유함으로써, 서로가 일정을 지킬 수 있도록 하는 등의 관리가 필요합니다.

REST는?
– Representational State Transfer의 약어
– 표준 약속에 따라 HTTP를 최대한
잘 활용하기 위해 정의한 규약

REST API는?
REST라는 표현 방식을 따르는 API

RESTFul 혹은 RESTFul API는?
REST API 중 REST 표현 방식을
잘 따라서 만든 API

API 연계와 관련된 일을 할 때, 개발자로부터 REST API라는 용어를 많이 듣게 되는데 이는 무엇일까요? REST는 Representational State Transfer의 약어로, HTTP 표준에 따라 API 정보를 주고받을 때 사용하라고 정의된 규약입니다. 쉽게 표현하자면, 연계할 때 연계하는 사람마다 연계 방식을 다르게 이용하면 혼란스러우니, 웹을 통한 시스템 연계를 할 때는 서로 간의 약속을 정해 놓고, 그 규칙에 따라 정보를 주고받자는 것입니다.

API를 제공하는 다양한 방식 중 REST 방식을 이용하는 API 연계를 REST API라고 합니다. 그리고 이 방식이 최근에 가장 많이 사용되고 있어서, 연계 개발 방식에 대한 얘기를 할 때 개발자들이 REST API 방식으로 하자는 것을 많이 듣게 됩니다. 그리고 종종 개발자가 RestFul 혹은 RestFul API라는 용어를 사용할 때가 있습니다. REST API를 사용하는데, 이용하는 사람에 따라서는 표준을 잘 지키는 사람도 있고, 적당히 필요한 부분만 지키는 사람도 있습니다. 이 때 최대한 규약을 잘 지키면서 API를 만들고 이용하는 경우에 RestFul하게 되어 있다 혹은 RestFul한 API라고 표현합니다.

• REST API 샘플

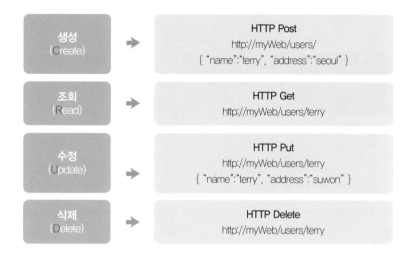

REST API가 실제로 어떻게 구성되는지 궁금한 분들을 위해 간단한 샘플을 준비했습니다.

설명에 앞서, CRUD라는 용어가 있습니다. Create(생성), Read(조회), Update(수정), Delete(삭제)를 일컫는 용어인데, 개발의 기본이 되는 요소를 뜻합니다. 예를 들어, 학생 정보를 관리할 경우, 처음에 새로운 학생 정보를 생성하고, 이것을 조회하며 사용하다가, 나중에 수정하고, 학생이 졸업하면 삭제하는 과정이 개발의 전부입니다.

이러한 부분은 API에도 동일하게 적용됩니다. 그래서 생성할 때는 POST라는 방식을 쓰고, 조회할 때는 Get이라는 방식을 쓰고, 수정할 때는 Put이라는 방식을 쓰고, 삭제할 때는 Delete라는 방식을 씁니다. 이것을 쓸 때 위의 그림과 같이 적용하는 것이 REST API입니다.

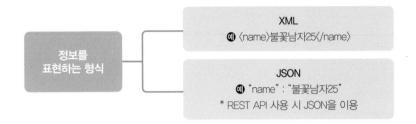

외부 시스템과 연계를 하려면 데이터를 전달해야 하는데, 데이터를 전달하는 대표적인 방식으로 XML과 JSON(제이슨)이 있습니다. 아마 한 번 정도는 들어 봤을 겁니다. 이 두 가지는 모두 결국 데이터를 표현하는 방식입니다. XML은 '불꽃남자25'라는 사람의 이름을 표현할 때 [〈name〉불꽃남자25〈/name〉]와 같이 표현하고, JSON은 같은 정보를 표현할 때 ["name" : "불꽃남자25"]와 같이 표현합니다.

예전에는 XML을 많이 사용했는데, REST API가 JSON 방식을 사용하면서 최근에는 JSON을 많이 사용하고 있으며, 예시에서 알 수 있듯이 같은 정보를 전달하는 데 들어가는 정보의 양(길이)이 JSON이 더 적기 때문에 효율성 측면에서 XML보다 JSON을 선호하는 경향이 커졌습니다.

이 부분에 대해서는 완전한 개발자 관점보다는 개발자와 소통할 때 알아야 할 개념만 정리한 쉬운 설명임을 참고해 주세요.

시스템을 연계하면서 주고받는 정보는 같은데, 그 정보를 이용하는 값이 다른 경우가 종종 있습니다. 위의 그림을 예로 들면, A회사에서는 우리나라를 한국으로 표현하는데, B회사는 대한민국으로 표현합니다. 아래의 다른 몇 개의 나라도 마찬가지로 표현 방식이 다릅니다. 이렇게 정보 자체는 같은데 정보를 표현하는 값이 다른 시스템 간에 정보를 연계하려면, 반드시 'A회사에서의 한국은 B회사에서의 대한민국이다'라는 정보를 연결해야 합니다.

이러한 문제를 해결하기 위해 사용하는 대표적인 방식 중 하나가, 정보를 연계하는 DB 테이블을 만들어서 관리하는 것인데, 이를 매핑 테이블이라고 합니다. 연계 협의를 할 때는 지금과 같이 매핑이 필요한 케이스가 있는지, 그리고 그것이 발생하면 어떻게 대응해야 할지를 항상 체크하여야 합니다.

개발자　　　"이번에 인터페이스 받은 국가명은 받는 그대로 보여 드려요? 아니면 저희 정보로 매핑시켜야 해요?"

기획자 및 관리자　"네. 우리 회사 방식으로 매핑시켜 주시기 바랍니다. 매핑 정보가 필요하다면 저희 쪽에서 작성해 드리겠습니다."

TIP　표현 방식이 다른 정보에 대한 매핑 적용 문의입니다. 사전에 매핑할 정보를 확인하고, 정책을 수립하고, 해당 정책을 개발자에게 명확히 알려 줍니다.

2.6

IT 보안 필수 지식

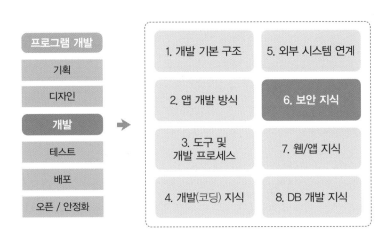

이번 절은 개발 보안 지식에 대한 설명입니다. IT 보안은 그 영역이 매우 넓어서 IT 전공자도 보안의 전체적인 내용을 다 알지 못합니다. 이번 절은 IT 보안 영역 중 프로젝트 관리 및 진행을 위해서 꼭 알아야 할 개념과 업무 협의 및 의사 결정 시 필요한 필수 정보를 알아보겠습니다.

모든 보안의 기준은 [정보]입니다. 정보를 보호하기 위한 일련의 과정이 보안에 담겨 있습니다. 프로젝트 진행 관점에서 보안은 크게 네 가지로 분류할 수 있습니다.

- 첫 번째, 침입 방지 : 정보를 노리는 자들이 들어오지 못하게 하는 보안
- 두 번째, 강탈 방지 : 정보를 빼앗기지 않게 하는 보안
- 세 번째, 분석 방지 : 정보를 빼앗겼을 때 분석 당하지 않기 위한 보안
- 네 번째, 노출 방지 : 일상에서 정보가 누출되지 않기 위한 보안

IT 보안은 결국 정보를 노리는 사람이 들어와서 정보를 가져가고, 분석하고, 확인하여 해당 정보를 악의적으로 이용하는 것을 방지하기 위한 노력을 기술을 통해서 하는 것입니다. 위의 분류는 여러분이 보안을 쉽고 체계적으로 이해할 수 있도록 제가 분류한 기준임을 참고하길 바랍니다.

침입 방지란 악의를 가진 사람이 우리의 정보 관리 시스템에 들어오지 못하게 막는 것입니다. 개인 정보를 포함한 PC, 서버, 휴대폰 등에 외부의 적이 들어와서 정보를 빼 가는 것을 막기 위해서 처음부터 차단하는 것입니다.

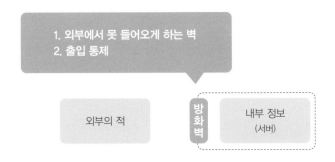

프로젝트 진행 중 침입으로부터 무조건 지켜야 할 것은 내부 정보가 저장된 서버입니다. 서버에는 개인 정보를 포함한 중요한 정보들이 있습니다. 만약 외부의 적이 이 서버에 들어와서 정보를 마음대로 보고 가져갈 수 있다면 심각한 문제가 발생할 것입니다. 그렇다면 외부의 적이 못 들어오게 하려면 어떻게 해야 할까요? 현실에서는 적이 들어오지 못하도록 높은 성벽을 만들어서 침입을 방지합니다. IT에서도 동일한 방법을 적용하는데, 이것을 [방화벽]이라고 합니다. 외부의 적이 정보의 이동 통로인 네트워크를 통해서 아예 들어오지 못하도록 모든 네트워크 길을 높고 단단한 [방화벽]이라는 강력한 벽으로 막는 것입니다.

그런데 문제가 하나 있습니다. 아무도 못 들어오고 못 나가게 함으로써 침입을 방지할 수 있지만, 반대로 어느 서비스(외부로 정보 공유)도 제공할 수가 없다는 것입니다. 결국 아무나 못 들어오게 하면서도 서비스 제공을 위해 허락된 사람은 들어올 수 있어야 합니다. 그래서 [방화벽]은 단단한 벽 가운데에 허락된 사람들만 들어올 수 있도록 관리하는 문을 만들어 둡니다.

방화벽의 문은 허락된 사람과 허락되지 않는 사람을 구분하여 출입을 통제해야 합니다. 그러면 방화벽이 어떻게 허락된 사람과 허락되지 않는 사람을 구분할 수 있을까요? 방법은 간단합니다. 사전에 출입 등록을 하는 것입니다. 출입이 가능한 사람을 사전에 등록하여, 출입 등록된 사람은 들여보내고 등록되지 않는 사람은 못 들어오게 하면 됩니다. 이때 중요한 것이, 사람은 사전 등록을 하기 위해서 [주민번호]처럼 자신을 식별할 수 있는 고유 정보를 등록하는데, IT 시스템은 주민번호 대신 접근하려는 장비의 [IP 정보]를 이용한다는 것입니다.

방화벽	입장 허락 IP	111.111.111.11
	입장 허락 IP/PORT	222.222.222.222/80
	입장 허락 도메인	www.abc.co.kr
	차단 IP/PORT	111.111.111.111/80

방화벽과 관련해서는 많은 기능과 지식이 필요하지만, 실제 프로젝트 진행 시 여러분이 그 모든 것을 알 필요는 없습니다. 대부분의 개발자도 방화벽의 개념은 알지만, 전체 기능이나 설정 방법 등 상세 지식까지는 알지 못합니다. 대신 딱 하나는 확실하게 알아야 하는데 바로 [방화벽 오픈 신청]입니다. 앞서 설명한 것처럼 출입을 위해서는 방화벽에 사전 등록을 해야 하는데 이를 [방화벽 오픈 신청]이라고 합니다.

모든 개발 프로젝트는 방화벽과 관련해서 두 가지를 신청해야 합니다. 첫 번째는 우리 시스템에 허락된 사람이 접근할 수 있도록 방화벽을 열어 주는 것, 두 번째는 우리 시스템을 어떠한 목적(정보 공유 등)으로 다른 서버 시스템과 연결해야 할 경우, 이를 위해 해당 외부 시스템에 방화벽을 열어 달라고 요청하는 것입니다. 이때 입장을 허락하거나 입장을 요청하기 위해서 필요한 IP 및 도메인 정보를 방화벽 담당자에게 전달해야 합니다.

> **Learning TIP**
>
> 방화벽 오픈 신청 시, 오픈해야 하는 대상이 명확히 정해져 있다면 모든 것을 막아 두고 출입을 허락한 IP만 등록하지만, 오픈해야 하는 대상이 광범위하다면 오픈 대신 차단이 필요한 IP 정보를 등록하는 경우도 있습니다. 예를 들면, 모든 국민이 이용하는 홈페이지는 모든 국민의 IP를 다 등록하여 오픈할 수 없으므로, 모두가 들어올 수 있게 기본 설정을 하고, 해킹이나 나쁜 행동을 하는 특정 IP를 차단합니다.

이처럼 침입 방지를 위해 IT 시스템에서 대표적으로 사용하는 시스템(장비)이 방화벽이며, 프로젝트 진행 시에는 반드시 방화벽 오픈에 대한 확인 및 처리를 해야 합니다. 참고로 방화벽을 영어로 [Firewall]이라고 합니다. [불의 벽]을 이용해서 침입을 방지한다고 이해하면 쉽습니다.

강탈 방지

강탈 방지는 침입 방지와 반대의 개념입니다. 침입 방지가 우리 집으로 들어오는 적을 막는 개념이라면, 강탈 방지는 반대로 내가 밖으로 외출할 때의 상황입니다. 내가 서비스하는 정보가 안전한 방화벽을 나와서 고객에게 전달되어야 하는데, 해당 정보가 네트워크라는 길을 따라 이동하면서 위험에 놓이게 됩니다.

현실과 비교하면, 아무런 보호 장치가 없는 네트워크는 일반 도로와 같습니다. 집에서 안전하게 있다가 차를 타고 도로로 나왔습니다. 이때 누군가가 차를 타고 내가 다니는 도로로 들어와서 정보를 강탈하려고 한다면 우리는 위험에 노출될 수밖에 없습니다. 이처럼 일반 네트워크는 별다른 방어 수단이 없기 때문에 적이 쉽게 들어오고, 강탈도 쉽게 당합니다.

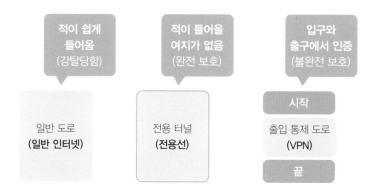

IT 보안에서는 이러한 강탈을 막기 위해서 전용선을 이용합니다. 전용선은 도로로 비교하자면 출발지부터 도착지까지 전용 터널을 뚫는 것입니다. 터널을 만들고 입구에서 허락된 사람만 들어와 완벽하게 보호되는 터널을 따라 출구까지 가는 방식입니다. 이렇게 전용선을 사용하면 정보를 강탈하려는 적이 들어올 방법이 아예 없어집니다. 하지만 비용이 많이 들어가고 처리 과정도 쉽지 않습니다. 그래서 금융권 연계 등과 같이 정말 중요한 정보를 연결하는 경우는 전용선을 만들어서 사용합니다.

다음 방법은 VPN입니다. 도로로 따지면, 보안을 위해서 시작과 끝에 경비를 세우고, 출입하는 차량에 허락된 차량이라는 식별 표시를 합니다. 그리고 식별 표시가 없는 차량은 입구를 통해서 들어오지 못하게 하고, 중간에 몰래 오더라도 출구에서 식별 표시를 점검하여 방어하는 방식입니다. 이 방식은 일반 도로와 전용선의 중간 방식으로 볼 수 있습니다.

IT 현장에서는 정보의 중요성과 비용 등을 고려하여 강탈 방지를 위한 적절한 방법을 선택합니다. 정보가 일반적인 내용이라 공개되어도 큰 문제가 없다면 별다른 방어책 없이 일반 네트워크를 이용하고, 중요도가 높아서 비용을 부담하더라도 반드시 지켜야 한다면 전용선을 이용하고, 보호를 해야 하긴 하지만 비용이 너무 부담될 경우에는 VPN을 적용합니다.

분석 방지

강탈 방지를 통해서 정보가 완전히 강탈되지 않도록 막는 것도 중요하지만, 여기에는 많은 비용이 들어가고 시스템 설치 등 제약이 발생합니다. 그래서 강탈당할 것을 어느 정도 감수하되, 정보가 강탈당하더라도 악용이 불가능하도록 분석하지 못하게 하는 방법을 생각해야 합니다. 이것이 분석 방지이며, 대표적인 것이 암호화입니다. 분석 방지는 IT 현장의 보안과 관련해서 가장 많이 접하는 내용 중 하나입니다. 그래서 이 부분에 대해서는 좀 더 자세히 설명하겠습니다.

위의 그림을 보면, 외부로부터 정보를 강탈당했습니다. 이때 이름이 [불꽃남자25]이고, 전화번호가 [010-1234-5678]이라는 정보가 그대로 노출되면 범죄에 악용되는 등 큰 문제가 생깁니다. 하지만 암호화한 상태의 이름과 전화번호 정보를 빼앗기면 상황이 달라집니다. 설령 정보가 강탈당하더라도 분석되지만 않는다면 큰 문제가 없는 것입니다. 암호화는 실제 개발 진행 시, 많은 단계에서 이루어집니다.

기본적으로 데이터베이스에 데이터를 저장할 때, 데이터 종류에 따라 노출되면 안 되는 정보를 암호화하여 저장합니다. 그리고 프로그램에서 사용하면서도 암호화를 합니다. 정보가 노출되거나 전달될 때 암호화된 정보를 이동시켜서 정보를 보호하는 것입니다. 그리고 마지막으로 네트워크 이동 중에도 암호화를 합니다. 네트워크를 통해서 전달할 때 정보를 빼앗기기 가장 쉽기 때문에 네트워크에서 암호화를 또 해야 합니다.

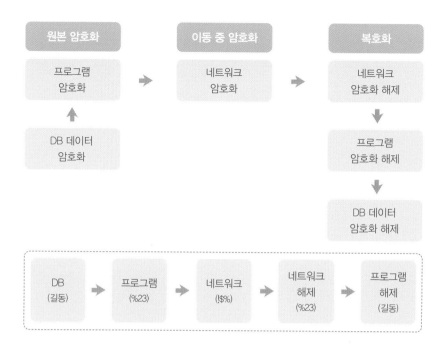

결론은 하나의 데이터를 지키기 위해서 2~3중의 암호화를 진행한다는 것입니다. 위의 그림에서 보듯이 복잡한 과정으로 암호화를 해서 전달하면, 전달을 받는 쪽에서는 암호화의 역순으로 복호화(암호 해석)를 해서 정보를 사용합니다. 이때 암호화를 인크립션(Encryption), 복호화를 디크립션(Decryption)이라고 합니다.

암호화 방식은 크게 두 가지로 나뉩니다.

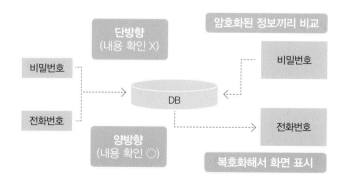

예를 들면, 비밀번호는 DB에 저장된 비밀번호와 실제 로그인을 시도하는 비밀번호가 같은지 확인해야 하지만, 실제 그 암호 자체가 무엇인지는 알 필요가 없습니다. 이 경우, 암호화를 할 때 아예 복호화가 불가능하게 만듭니다. 복호화를 못 한다면 다음에 로그인을 시도할 때 어떻게 비교할까요? 이 경우에는 암호화를 할 때 같은 정보에 대해서는 암호화 결과가 동일하게 나오는 방식을 적용합니다. 다시 말해서, 암호화된 정보를 비교해서 같으면 로그인 성공, 틀리면 로그인 실패를 하는 방식입니다. 이렇게 복호화가 불가능한 암호화 방식을 단방향 방식이라고 합니다.

반대로, 전화번호는 중요한 개인 정보이기 때문에 암호화를 반드시 해야 하지만, 나중에 사용할 때 그 정보를 다시 확인해야 합니다. 이 경우 암호화되어 저장된 정보를 복호화해야만 하는데, 이런 방식을 양방향 방식이라고 합니다.

향후 프로젝트를 관리하거나 화면을 기획할 때 암호화 방식은 자주 등장하고 의사 결정을 해야만 하는 항목이기 때문에, 단방향과 양방향의 개념 및 사용 예제를 꼭 기억해 주길 바랍니다.

양방향 방식이 암호화된 정보를 복호화할 수 있는 방식이라고 했는데, 아무나 복호화를 할 수 있으면 암호화의 의미가 없겠죠? 그래서 양방향 암호화를 이용할 때 안전한 복호화를 위해서 세 가지 방식을 사용합니다.

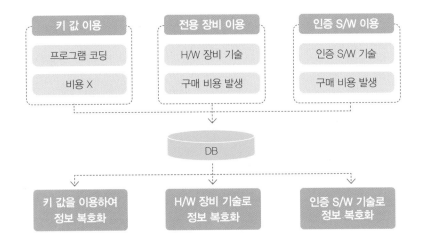

첫 번째는 암호화를 할 때, 사용하는 사람만 알 수 있는 약속된 키 값을 이용하는 방식입니다. 즉, 같은 복호화 방식을 사용하더라도 열고자 하는 열쇠, 즉 키 값이 다르면 정상적인 복호화가 되지 않는 방식입니다. 이는 가장 간단하게 양방향 암호화를 사용할 수 있는 방식이지만, 키 값을 누군가가 알게 된다면 정보가 그대로 유출될 위험이 따릅니다.

두 번째는 이러한 위험을 방지하기 위해서 암호화/복호화 전용 장비를 두는 방식입니다. 이 장비를 통해서 DB에 정보를 넣을 때도 암호화하고, 꺼낼 때도 장비의 복호화 시스템을 통해서 복호화를 합니다. 이 방식은 좀 더 안전하지만 장비 구입 비용이 발생하고, 장비의 고장이나 유지에 추가적으로 신경을 써야 합니다.

마지막으로 인증된 암호화 소프트웨어를 사용하는 방식입니다. 이 방식은 암호화 소프트웨어가 제공하는 신뢰도에 따라서 안전 관리가 된다는 장점이 있습니다.

Learning TIP

양방향 암호화를 할 때, 대칭키 방식과 비대칭키 방식 등 복잡한 개념이 있습니다. 혹시라도 이런 용어를 듣게 되면, 양방향 암호화와 관련된 이야기라는 정도만 이해하도록 합니다.

그러면 단방향과 양방향을 어떤 기준으로 정할까요? 그 기준은 정보를 알아야 하느냐 몰라도 되느냐입니다.

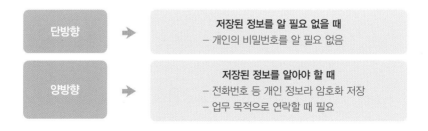

단방향은 저장된 정보를 알 필요가 없을 때입니다. 대표적으로 비밀번호, 주민번호 같은 것입니다. 식별을 위해 암호화된 정보는 필요하지만, 그것을 복호화할 필요가 없을 때 적용합니다. 양방향은 저장된 정보를 반드시 알아야 할 때입니다. 개인 정보에 해당하는 것들이 대부분 이런 부류입니다. 고객의 이름을 알아야 업무 및 상담이 가능하고, 전화번호를 알아야 통화를 할 수 있기 때문입니다.

참고로 프로그램 레벨에서의 암호화는 대부분 복호화가 가능한 양방향 방식을 사용하고, DB에 저장하는 경우에는 종류에 따라서 단방향과 양방향을 모두 사용합니다.

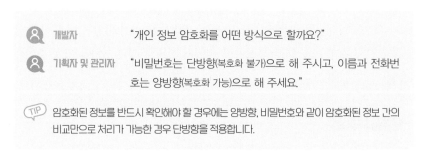

이번엔 네트워크 암호화에 대한 부분입니다.

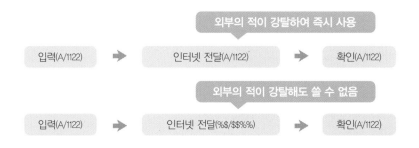

개인의 로그인, 기업 간의 정보 전달 과정에서 인터넷을 거치면서 언제든지 정보를 빼앗길 수 있는 환경에 놓입니다. 이때, 빼앗긴 정보가 암호화되어 있지 않으면 정보가 그대로 노출되어 나쁜 의도로 사용될 수 있습니다. 사실 인터넷 개발 초기에는 이런 일이 비일비재했습니다. 하지만 지금은 네트워크 이동 단계에서 정보를 암호화하여, 정보를 빼앗기더라도 이를 보호하려는 노력을 하고 있습니다.

네트워크 이동 과정에서 정보의 강탈을 막는 것은 어렵습니다. 그래서 결국 네트워크 쪽에서는 빼앗기지 않으려는 노력과 함께, 빼앗기더라도 확인하지 못하도록 암호화를 합니다. 네트워크상에서 정보를 암호화하는 다양한 방식이 있는데, 그중 대표적인 방식이 HTTPS입니다.

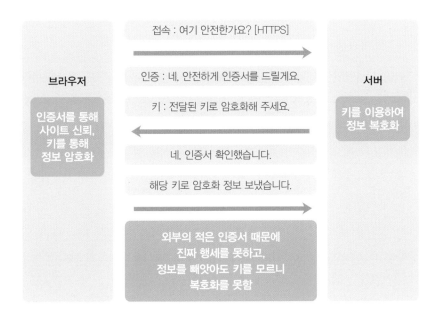

HTTPS 방식은 일반 인터넷을 이용할 때 직접적으로 체감하진 못하지만, 웹에서 내부적으로 보안을 강화하는 방법으로 그 과정은 위의 그림과 같습니다. 그림의 왼쪽은 우리가 사용하는 브라우저이며, 오른쪽은 인터넷 서비스를 제공하는 서버입니다. 이는 브라우저가 HTTPS를 통해 서비스 제공 서버로부터 안전하게 서비스를 받는 과정입니다.

첫 번째로, 먼저 사용자가 인터넷 브라우저를 통해서 서비스를 제공하는 서버에 접속합니다. 이때 브라우저는 HTTPS 방식을 사용하여 서버에게 "여기가 안전한 서버인가요?"라고 묻습니다.

두 번째로, 서버는 사용자에게 인증서와 키를 넘겨 주고, "제가 전달한 인증서로 이 사이트가 신뢰할 수 있는지 확인하고, 신뢰된다면 함께 전달한 키로 저한테 전달할 정보를 암호화해 주세요!"라고 합니다.

세 번째로, 브라우저는 인증서를 확인한 후 전달받은 키로 정보를 암호화하여 서버에 전달합니다. 그리고 "당신이 전달한 인증서를 확인했고, 전달받은 키로 암호화해서 보냈습니다"라고 합니다.

마지막으로 서버는 자신이 전달했던 키로 암호화된 정보를 복호화하여 확인한 후, 그 결과를 브라우저에게 돌려 줍니다.

이러한 일련의 과정을 통해서 서비스 이용자의 브라우저와 제공자의 서버만이 해석할 수 있는 암호화를 진행하기 때문에, 누군가가 정보를 빼앗아 가더라도 암호화 해석을 위한 키를 알 수가 없어서 정보를 해석할 수 없습니다. 그리고 중간에 정보를 빼앗은 사람이 정상적인 브라우저나 서버 행세를 하려고 해도 인증할 수 있는 인증서가 없기 때문에, 중간에 비정상적인 접근을 막을 수 있습니다.

이러한 인증서로는 SSL을 많이 이용합니다. SSL은 [Secure Sockets Layer]의 약어로 암호의 규정을 말하며, 쉽게 설명하자면 제3자가 사이트의 안정성을 보장해 주는 인증서입니다. 그리고 HTTPS는 SSL 암호화 방식을 채용한 HTTP의 암호화 프로토콜(이용 방식)입니다.

HTTPS가 적용된 사이트는 브라우저에서 바로 확인 가능합니다. 왼쪽 그림과 같이 크롬의 경우에는 URL 주소 앞에 열쇠 모양으로 이를 표현하고 있으며, 이러한 표시가 있는 사이트는 기본적인 네트워크 암호화가 되어 있는 사이트입니다.

실제 여러분이 서비스를 제공하는 프로젝트를 진행할 때 많이 하는 고민 중 하나가 SSL 인증서 적용에 관한 것입니다. 첫 번째는 SSL을 적용할 것인지에 대한 고민이고, 두 번째는 SSL 인증을 유료로 사용할 것인지, 무료로 사용할 것인지에 대한 고민입니다.

기본적으로 보안을 위해서는 SSL을 적용할 것을 추천합니다. SSL 인증서의 유료와 무료의 차이를 보면, 둘 다 보호를 위한 인증서로서의 기능은 동일하지만 성능은 무료보다 유료가 좋습니다. 하지만 가장 큰 차이는 책임의 문제입니다. 무료 인증서는 문제가 생겼을 때 아무런 책임을 지지 않지만, 유료 인증서는 각 회사에서 명시한 방법대로 보안의 책임을 지고 보상을 합니다.

따라서 우리가 제공하는 서비스가 심각한 보안 항목을 사용하지 않고 비용을 아껴야 한다면 무료 인증서를 사용하고, 비용적으로 여유가 있고 보호해야 할 정보가 중요하고도 심각하여 정보가 유출되었을 때의 보상 체계를 마련해야 한다면 유료 인증서를 사용하는 것이 좋습니다.

개발자   "고객사 시스템이랑 화면 연계 시 HTTPS 적용해야 할까요? SSL 인증서는 어떻게 할까요?"

기획자 및 관리자   "네. HTTPS를 적용해서 기본 암호화가 되게 하고, SSL은 무료 인증서 중 좋은 걸로 해 주세요."

(TIP) HTTPS를 적용해서 기본적인 보안을 강화하고, 인증서는 서비스의 중요도 및 가성비를 비교하여 유료와 무료 중 선택합니다.

노출 방지

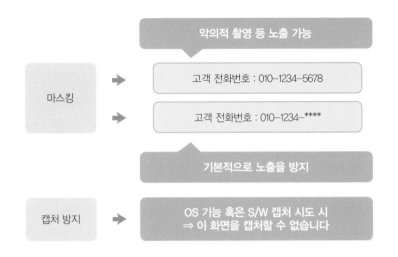

악의적 촬영 등 노출 가능

마스킹

고객 전화번호 : 010-1234-5678

고객 전화번호 : 010-1234-****

기본적으로 노출을 방지

캡처 방지

OS 기능 혹은 S/W 캡처 시도 시
⇒ 이 화면을 캡처할 수 없습니다

노출 방지는 평상시 정보가 쉽게 노출되는 것을 막는 것입니다. 예를 들면 업무를 하면서 PC 화면을 통해서 전화번호 같은 개인 정보가 노출되는 것을 막는 것입니다. 노출 방지를 위해서 출입을 통제하는 등 다양한 노력을 하는데, 그중 대표적인 방법이 [마스킹]과 [캡처 방지]입니다. [마스킹]은 노출되는 정보 중 일부분을 마스크를 씌우듯이 가리는 방식이며, [캡처 방지]는 말 그대로 PC의 화면 캡처 툴을 이용해서 화면의 정보를 훔치지 못하도록 하는 것입니다.

[마스킹]은 보안을 중요하게 여기는 시스템 개발 시, 화면에 고객의 전화번호와 같은 개인 정보가 노출되지 않도록 하는 것을 기본으로 합니다. 하지만 콜센터 시스템은 전화번호를 마스킹 처리해 버리면 전화로 상담 업무를 할 수가 없습니다. 이때, 정보를 보호하는 것과 필수로 이용하는 것이 상충하는 상황이 발생하는데, 이런 경우 통상 두 가지 원칙을 가지고 진행합니다.

첫 번째는 목록(리스트) 화면에서는 마스킹을 필수로 하는 것입니다. 예를 들면 고객의 전체 리스트가 나오는 목록 화면에서는 마스킹을 하고, 각 고객의 상세 화면에서는 전체 전화번호가 보이게 하는 방식입니다.

두 번째는 보안을 엄격하게 적용할 경우, 상세 화면에서도 마스킹을 해야 할 수도 있습니다. 이런 경우에는 기본적으로 화면에 전화번호가 마스킹된 상태로 보이다가, 꼭 필요한 업무를 할 때에는 마스킹된 전화번호를 별도로 클릭 혹은 더블클릭하면 마스킹이 없는 전화번호가 보이고, 마우스 포인터가 이동하거나 일정 시간이 지나면 다시 마스킹이 되도록 하는 방식을 사용합니다.

캡처 방지는 OS 기능 혹은 소프트웨어를 통해서 누군가가 화면을 카피할 수 없도록 하는 방식으로, 이를 방지하기 위해서 화면이 캡처되지 않도록 프로그램을 개발하거나 별도의 캡처 방지 솔루션을 적용하는 방법이 있습니다.

개발자 "이번에 보안 진단에서 전화번호가 개인 정보라고 마스킹 처리 하라고 하는데 어떻게 해야 하죠?"

기획자 및 관리자 "일단 기본은 뒷자리 4개까지 마스킹 처리하되, 업무 담당자가 해당 필드를 더블 클릭하면 원본 정보가 보이게 해 주세요."

웹과 앱 개발 필수 지식

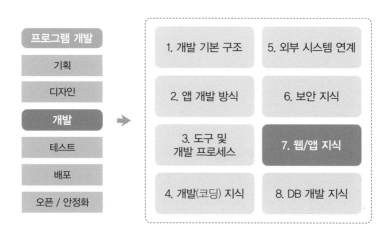

이번 절은 웹과 앱에 대한 설명입니다. 먼저 웹과 관련된 기본 용어를 정확히 이해할 수 있도록 설명하고, 웹 개발과 관련하여 자주 사용되는 용어와 주요 의사 결정에 도움이 되는 정보를 제공합니다. 마지막으로 앱 개발 시 알아야 할 주의 사항을 정리하겠습니다.

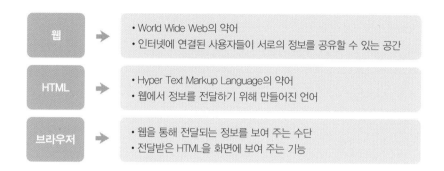

웹은 [World Wide Web]의 약어로, 인터넷에 연결된 사용자들이 서로의 정보를 공유할 수 있는 공간을 뜻합니다. 웹은 인터넷의 소통 방식 중 하나이며, 특정한 규약이나 룰을 따르는 소통의 공간으로 이해할 수 있습니다.

HTML은 [Hyper Text Markup Language]의 약어로, 인터넷 공간에서 웹의 방식으로 정보를 전달하기 위해 만들어진 언어입니다. HTML은 웹의 기본 구성 요소인 미디어, 그림, 정보를 효과적으로 표시할 수 있는 프로그램 언어입니다.

브라우저는 웹을 통해서 전달받은 HTML과 같은 텍스트 기반 언어를 해석해서, 다양한 이미지와 미디어 요소들로 구성된 인터넷 화면으로 만들어 주는 도구입니다.

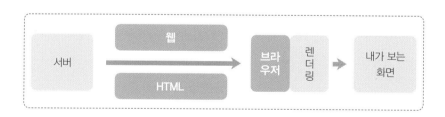

위의 그림을 보면 이 세 가지 용어의 상관 관계를 볼 수 있습니다. 서버에서 만들어진 [웹 프로그램]이 [웹]이라는 공간을 [HTML]이라는 언어 형태로

이동하고, 내가 가지고 있는 [브라우저]가 실제로 서비스를 이용할 수 있도록 [HTML]이라는 텍스트 형태의 정보를 [예쁜 웹 화면]으로 렌더링하는 구조입니다. 마지막에 표시된 렌더링은 이전에 언급한 바와 같이 그리는 것이라고 해석할 수 있으며, 이번의 경우에는 HTML이라는 문장을 예쁜 웹 화면으로 그려 주는 일로 볼 수 있습니다.

- **웹 브라우저**

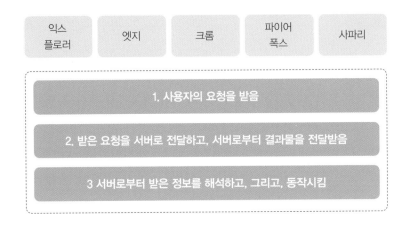

웹 브라우저는 [익스플로러(현재는 서비스 중지), 엣지, 크롬, 파이어폭스, 사파리]와 같은 프로그램으로, 웹 브라우저를 통해 웹 프로그램을 이용할 수 있습니다. 브라우저는 기본적으로 세 가지 구성 요소를 갖고 있습니다.

첫 번째, 사용자 인터페이스입니다. 브라우저 상단에 있는 주소 표시줄과 다양한 버튼을 말하며, 사용자가 브라우저를 이용할 때 이를 이용해 편하게 명령할 수 있습니다. 일반적으로는 웹 페이지 상단 부분이라고 보면 됩니다.

두 번째, 브라우저 엔진입니다. 사용자 인터페이스의 명령을 받아서, 서버로 명령 정보를 전달하고, 그 결과를 받는 역할을 합니다.

세 번째, 렌더링 엔진입니다. 브라우저 엔진을 통해서 전달받은 정보를 실제 브라우저 내에 화면으로 그리는 역할을 합니다.

즉, 브라우저는 우리가 어떤 인터넷 사이트에 접속하든 위의 기능을 통해서 웹 페이지를 볼 수 있도록 해 주는 도구입니다. 브라우저는 각기 다른 회사에서 만들어졌지만 모두가 동일한 기능을 하는데, 그 이유는 모두 W3C라는 공통의 규격에 따라 만들어졌기 때문입니다. 즉, W3C의 규칙을 따라 웹 페이지를 만들면, 해당 규격을 지키는 어떠한 브라우저에서든 동작 가능합니다. 이는 곧 각각의 회사가 W3C의 규칙을 따르면서도 자신만의 방식으로 브라우저를 만들 수 있다는 뜻이기도 합니다. 여기서 체크해야 할 중요 사항이 있습니다.

예를 하나 들어 보겠습니다. 의자를 만드는데 세 사람에게 의자를 만드는 기본 규격만 알려 주고 나머지는 각자 알아서 만들라고 합니다. 이때 규격을 지키는 세 사람이 동일한 모양의 의자를 만들까요? 아닙니다. 각자의 개성에 따라 만들 것입니다.

브라우저도 동일합니다. 그래서 웹 페이지를 보여 줄 때 기본 기능은 동일하지만, 브라우저마다 조금씩 다른 부분이 발생하게 됩니다. 개발자가 관리자나 기획자에게 개발 시 반드시 물어보는 질문이 바로 "어떤 브라우저까지를 기준으로 만들까요?"입니다. 이 질문은 우리가 개발할 웹 페이지가 브라우저마다 조금씩 다르게 동작할 수 있는데, 우리가 기준으로 하는 브라우저가 있다면 해당 브라우저에 가장 최적화해서 개발하고, 나머지 브라우저에서는 최대한 이상 없이 동작하도록 만들겠다는 뜻입니다.

여러분은 상황에 따라서 중심이 될 브라우저를 정해 주어야 합니다. "그럼 당연히 모든 브라우저에 잘 적용되게 해 달라고 하면 되는 거 아닌가?"라고 생각할 수도 있습니다. 기본적으로는 맞는 얘기입니다. 하지만 문제는 그렇게 하기 위해서는 개발에 많은 노력과 시간이 필요합니다. 그렇기 때문에 우리는 일정과 비용을 고려해서 적당한 기준을 판단해야 하며, 개발 당시 일반적인 브라우저의 이용 통계 등을 고려하여 적절한 수준의 브라우저를 선택해야 합니다.

• PC 웹, 모바일 웹, 반응형 웹, 웹 뷰

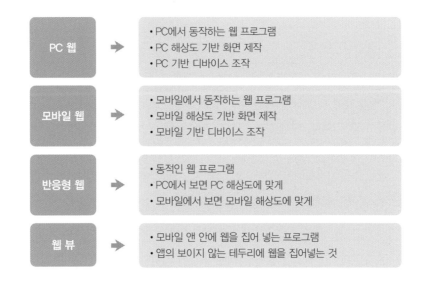

PC 웹	➜	• PC에서 동작하는 웹 프로그램 • PC 해상도 기반 화면 제작 • PC 기반 디바이스 조작
모바일 웹	➜	• 모바일에서 동작하는 웹 프로그램 • 모바일 해상도 기반 화면 제작 • 모바일 기반 디바이스 조작
반응형 웹	➜	• 동적인 웹 프로그램 • PC에서 보면 PC 해상도에 맞게 • 모바일에서 보면 모바일 해상도에 맞게
웹 뷰	➜	• 모바일 앱 안에 웹을 집어 넣는 프로그램 • 앱의 보이지 않는 테두리에 웹을 집어넣는 것

웹 개발 시 많이 나오는 용어로 [PC 웹, 모바일 웹, 반응형 웹, 웹 뷰]가 있습니다. 이 용어는 알고 있는 분에게는 너무나 당연한 내용이지만, 정보가 부족한 분들을 위해서 간단하게 짚고 넘어가겠습니다.

PC 웹은 말 그대로 PC에서의 동작을 기준으로 만든 웹 페이지이고, 모바일 웹은 모바일에서의 동작을 기준으로 만든 웹 페이지입니다. PC 웹과 모바일 웹은 기능은 동일하지만 비율과 사이즈의 차이가 있습니다. 반응형 웹은 브라우저의 사이즈에 따라서 내부 웹 페이지의 구조가 바뀌면서 어떠한 브라우저 사이즈에서도 적절한 화면이 나오도록 개발하는 것입니다. 마지막으로 웹 뷰입니다. 앞서 모바일 웹 앱에 대한 설명에서, 웹 페이지로 개발하고 마지막에 웹에 앱이라는 껍데기를 씌운다는 표현을 했습니다. 이 껍데기가 바로 웹 뷰입니다. 앱의 보이지 않는 테두리 안에 모바일 웹 페이지를 표시하는 것입니다. 모바일 앱에서 웹 페이지를 이용하기 위해서 사용하는 방식입니다.

• HTML vs HTML5

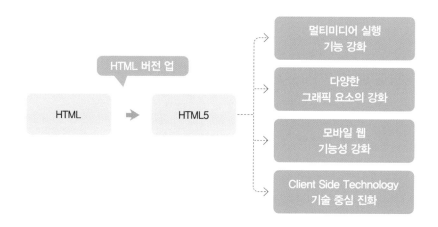

브라우저를 설명할 때 W3C를 언급했는데, W3C는 World Wide Web Consortium으로, 웹의 표준을 정리하고 장려하는 조직입니다. 이 조직에서 HTML이라는 웹 언어를 만들었고, HTML이 무엇인지에 대해서는 앞서 설명하였습니다.

그럼 HTML5는 무엇일까요? HTML과 다른 것일까요? SDK가 발전하면서 버전이 관리된다고 했던 것처럼 HTML도 동일합니다. HTML이 발전하면서 버전 업이 된 것이 HTML5입니다. 특히 HTML5가 많이 언급되는 것은 기존에 비해서 몇 가지 기능이 현저히 좋아졌기 때문입니다.

첫 번째, 멀티미디어 실행 기능 및 그래픽 요소의 강화입니다. 서버와 컴퓨터 사양의 발전, 여러 가지 영상 미디어의 발전으로 HTML은 다양한 멀티미디어의 기능과 그래픽 요소를 강화하였습니다.

두 번째, 모바일 웹 기능성 강화입니다. 모바일이 점점 발전하면서, 모바일 웹만으로도 모든 모바일 기능을 개발할 수 있도록 기능성이 강화되었습니다.

세 번째, Client Side Technology 기술 중심 진화입니다. 앞서 CSR에 대해서 설명했는데, 모바일 기기의 성능 강화를 통해 서버의 기능보다는 클라이언트의 기능 및 서비스가 강화되었습니다.

개발자 중심의 상세한 기능까지 배우면 오히려 혼란스러울 수 있으므로, HTML은 웹을 통해 인터넷을 이용하는 언어이며, HTML5는 미디어 등 다양한 기능을 많이 발전시킨 버전이라고 이해합니다.

• 쿠키 vs 세션

웹은 기본적으로 상태가 유지되지 않습니다. 웹의 한 페이지에서 로그인을 하였어도, 다음 페이지로 이동하면 로그인 상태가 유지되지 않습니다. 비슷한 예로, 장바구니에 상품을 담아 둬도 다음 페이지로 이동하면 바로 사라집니다. 하지만 실제로 여러분이 웹을 이용할 때는 상태가 유지됩니다. 그 이유는 유저의 편한 이용을 위해서 개발에서 웹의 상태를 유지하기 위한 기술을 적용하기 때문입니다. 이때 이 상태를 유지하는 대표적인 기술이 쿠키와 세션입니다.

상태를 유지하기 위해서는 유지되어야 할 상태 정보를 어딘가에 저장해 둬야 합니다. 이때 이 유지될 정보를 내 로컬 PC의 어딘가에 파일로 저장하는 것을 쿠키라고 합니다. 그리고 이 유지 정보를 서버에 저장하는 것을 세션이라고 합니다. 쿠키는 정보를 내 PC에 저장하므로 서버에 부담을 주지 않습니다. 하지만 로컬 파일인 만큼 보안에 취약할 수밖에 없습니다. 반대로 세션은 정보를 서버에 저장하므로 서버에 상당히 부담되는 반면 그만큼 안전합니다. 이러한 장단점 때문에 쿠키와 세션은 항상 함께 나옵니다. 자원의 분산과 보안의 문제를 적절히 조정하여, 어떤 정보는 세션을 이용해서 관리하고 어떤 정보는 쿠키를 이용해서 관리합니다.

그러면 어떤 정보를 쿠키와 세션에 저장할까요? 쿠키는 상대적으로 보안이 덜 중요한 작업의 상태 정보 등을 저장합니다. 예를 들면, 장바구니나 체크박스 표시 여부 등의 정보에 사용됩니다. 세션은 상대적으로 중요한 개인 정보 혹은 민감한 정보를 관리합니다. 예를 들면, 로그인 정보나 로그인 후 유지되는 이름 등의 개인 정보를 관리합니다.

> 🧑 **개발자**　　　"장바구니 정보 쿠키 만료일을 언제까지 할까요?"
>
> 🧑 **기획자 및 관리자**　"장바구니 정보 중에 3일 이내 보지 않기가 있으니, 3일 후까지 해 주세요."

> (TIP) 쿠키 정보는 만료일을 설정할 수 있으며, 보안에 문제가 되지 않도록 꼭 필요한 기간만큼만 이용하고 정보가 만료되도록 해야 합니다.

Learning TIP

쿠키는 이름, 값, 만료일 등을 설정할 수 있으며, 클라이언트 측에서는 최근 기준으로 300개 정도의 쿠키를 저장할 수 있습니다. 하나의 도메인당 20개의 쿠키를 이용할 수 있고, 하나의 쿠키는 4키로 바이트 정도의 정보를 저장할 수 있습니다.

앱 배포에는 크게 3가지 방식이 있습니다.

- 첫 번째, 개발 테스트 폰 배포 : 개발 진행 시 테스트를 위한 배포
- 두 번째, 내부 배포 : 스토어에 배포하지 않고 기업 내에서만 이용할 수 있도록 하는 배포
- 세 번째, 앱 스토어 배포 : 우리가 일반적으로 알고 있는 다양한 앱 스토어를 통한 배포

현재 대표적인 앱 개발 및 배포 방식은 안드로이드와 iOS입니다. 안드로이드는 앱 배포에 큰 어려움이 없으나, iOS는 충분히 준비하지 않으면 어려움을 겪는 경우가 많습니다. 이 부분에 대해서는 순차적으로 설명하겠습니다.

• 개발 테스트 폰 배포

테스트 배포 과정에서 안드로이드는 큰 문제가 없습니다. 개발자가 APK라는 설치 파일을 만들고, 설치 파일을 복사해서 설치하고자 하는 휴대폰에서 실행하면 설치됩니다. 그래서 테스트 진행 시 안드로이드는 다양한 휴대폰에서 자유롭게 설치하여 테스트할 수 있습니다.

문제는 iOS입니다. iOS는 테스트 폰을 사전에 등록해야 합니다. 그리고 등록된 폰을 개발자 PC에 직접 연결하여 파일을 설치해야 합니다. 그러면 당연히

테스트 시 제약이 많이 발생합니다. 따라서 사전에 이 사실을 인지하고, iOS 개발자와 함께 테스트 계획을 세워야 합니다. 참고로 iOS 개발자가 이런 내용을 먼저 알려 주지 않는 경우도 있습니다. 일부러 정보를 말하지 않는다기보다는, 이러한 정보를 전달해야 한다는 것 자체를 생각하지 못하는 경우가 많습니다. 그래서 기획자나 관리자는 iOS도 안드로이드와 같이 간단하다고 생각합니다. 추후에 어려움을 겪는 경우가 상당히 많으니 이 부분에 주의하고, 업무 협의 때 적용이 어려운 다양한 테스트에 관해 협의하길 바랍니다.

Learning TIP

APK는 [Android Application Package]의 약어입니다. 안드로이드는 개발이 완료되면 APK라는 하나의 실행 파일 형태로 만들 수 있으며, 어느 안드로이드 휴대폰에서든 복사해서 바로 설치할 수 있습니다.

• **내부 배포**

내부 배포는 특정 회사에서 사내 직원의 업무용 앱을 만들고, 이것을 사내에서만 사용하고자 하는 경우입니다. 따라서 앱스토어에 올리지 않고, 직원만 다

운로드 및 설치할 수 있도록 해야 합니다. 많지는 않지만 B2B 프로젝트의 경우 종종 이런 일이 있습니다.

이때 역시 안드로이드는 문제가 없습니다. APK 파일을 만들고, 사내에 있는 파일 서버에 올리고, 해당 서버에서 다운로드받을 수 있는 웹 페이지 혹은 파일 링크를 전달하여 설치하면 됩니다. 하지만 iOS는 안드로이드처럼 적용할 수 없습니다. 내부 배포를 위해서는 연간 300~400달러(비용은 조금씩 변경) 정도의 비용을 내고 엔터프라이즈 계정을 구매해야 합니다. 그리고 이 계정으로 복잡한 과정을 거친 후, 전용 URL을 통해 다운로드받는 방식으로 진행됩니다.

이러한 과정을 사전에 모르면, 예상치 못한 비용의 발생 및 설치의 어려움으로 인해서 고생하는 경우가 많으니 꼭 참고합니다. 참고로 제가 만난 iOS 개발자 중 의외로 이러한 내부 배포 방식을 모르는 분들이 많았습니다. 대부분 스토어에 배포하는 방식으로 진행하기 때문입니다.

- **앱 스토어 배포**

앱 스토어 배포 역시 안드로이드는 큰 이슈가 없습니다. 최근 검수가 더 강화되긴 했지만, 등록 절차에 따라서 등록하면 큰 문제가 없는 한 대부분 하루에서

이틀 사이에 앱 등록이 승인되어 사용자에게 배포가 가능합니다(코로나 등 상황에 따라 달라질 수 있습니다). 하지만, iOS는 다릅니다. 일단 등록 절차가 까다롭고, 등록에서 요구한 기준 사항을 지키지 않으면 심사를 바로 거절해 버리며, 평균 심사 기간이 1~2주 정도 걸립니다. 최근에는 조금 줄어들고 있지만 그 정도의 기간은 반드시 고려해야 합니다.

그리고 생각보다 승인 거절이 많습니다. 그 이유로 첫 번째는 앱 등록 수준 미달입니다. 등록 시 설명이나 이미지 해상도 등을 잘못 넣으면 바로 거절됩니다. 그리고 심사자가 심사를 할 때 실제로 로그인을 해 보는데, 이때 데모용 계정을 잠시라도 이용할 수 없으면 바로 거절됩니다. 마지막 이유로는 로그인해서 점검할 때, 화면에 테스트용 단어나 정보가 보이면 거절되는 경우도 많습니다.

개발자   "앱 개발 테스트 설치는 어떻게 할까요?"

기획자 및 관리자   "안드로이드는 가능한 한 다양한 폰에 설치하고, iOS는 다섯 종류로 해 주세요. 폰은 사전 등록하도록 준비할게요."

TIP   iOS의 제약 사항을 사전에 잘 확인하고, 고객과 테스트 관련된 협의를 먼저 한 후, 개발자에게 전달합니다.

Learning TIP

개발 일정을 세울 때, iOS는 최소 2주에서 여유가 된다면 한 달 정도의 등록 심사 기간을 고려하여 서비스 오픈 일정을 정해야 합니다. 앱 오픈은 안드로이드보다 iOS 등록을 기준으로 하는 것이 안전합니다.

2.8
데이터베이스 개념 및 필수 지식

이번 절은 DB 개발 지식에 대한 설명입니다. DB는 데이터베이스(DataBase)의 약어로, Data 를 저장하고 관리하는 시스템입니다. DB는 모든 IT 영역의 기초가 되는 중요한 개념이라 알아 두면 유용하지만, 개발자가 아닌 비전공자가 접근하기 어려워하는 분야이기도 합니다.

먼저 데이터베이스의 기본 개념을 현실 세계와의 비유를 통해 쉽게 이해할 수 있도록 하고, 실무에서 DB와 관련해서 가장 많이 소통하고 알아야 할 [SQL]과 [DB의 칼럼 타입]에 대해 설명하겠습니다. 마지막으로 DB와 관련하여 실제 현장에서 가장 많이 발생하는 사례를 통해 서, 이번 절에서 배운 지식을 실무에 적용하는 법을 알아보겠습니다.

    DB는 Information을 만들어 내기 위해 Data를 IT 기술을 통해 저장하고 관리하는 시스템입니다. DB의 정의를 다들 알고는 있지만, 실제로 DB가 어떻게 구성되어 있고 어떤 역할을 하는지, 그리고 DB에서 관리되는 정보를 어떻게 이용할 수 있는지 등 중요한 부분에 대해서는 잘 모릅니다. 명확한 이해를 위해서, 지금과 같은 IT 데이터베이스 시스템이 발전하기 전에는 데이터를 어떻게 관리했는지 현실 세계의 [학사 정보 기록 관리]를 예로 들어 보겠습니다.

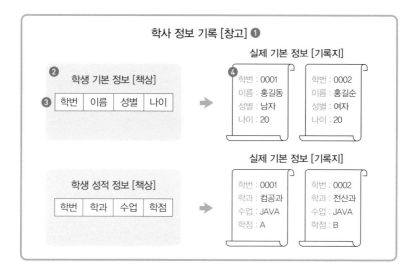

    대학교에서 학생의 정보를 관리하는 것을 생각해 보겠습니다.

    ❶ 첫 번째로 학생의 정보를 보관하기 위한 창고가 있습니다. 이 창고는 학생 정보를 보관하는 기능과 함께, 비와 바람으로부터 정보를 지키고 외부의 누군가가 함부로 들어오지 못하게 하는 역할을 합니다. 그런데 창고라는 공간에 학생의 이름, 나이 같은 [학생 기본 정보]와 수업, 학점 등의 [학생 성적 정보]를 구분 없이 막 쌓아 놓다 보니, 데이터가 섞여서 관리하기가 너무 힘듭니다.

    ❷ 그래서 창고 안에 학생 정보를 관리하기 위한 책상 혹은 책장을 만듭니다. 그리고 각 책상에는 관리해야 할 데이터를 기준으로 [학생 기본 정보], [학생 성

적 정보]라는 이름을 붙이고, 그 이름에 해당하는 데이터만 보관하여 관리합니다. 이전보다 관리가 편해졌습니다.

❸ 책상을 만들고 관리하다 보니, 하나의 불편함이 생깁니다. [학생 기본 정보] 책상에 들어가는 데이터가 무엇인지 알기가 어렵습니다. 데이터를 관리하는 직원A는 [학번, 이름]만 관리하고, 직원B는 [학번, 성별, 나이]만 관리합니다. 이러한 혼동을 막기 위해서, 각각의 책상에 보관하는 데이터에 [학번, 이름, 성별, 나이]라는 레이블을 붙입니다. 결과적으로, 어떤 직원이 와서 일을 하든지 동일한 데이터를 관리할 수 있게 되었습니다.

❹ 그렇게 책상이 깔끔하게 정리된 후에는, 종이로 출력된 기록지에 학생 데이터를 기록하고, 그 종이를 해당하는 테이블 위에 올려 두고 보관합니다.

그리고 학생 데이터가 필요할 때마다, 창고에서 필요로 하는 책상을 찾고, 그 책상 위에 쌓인 기록지를 찾고, 그 안에 있는 데이터를 확인하여 업무를 처리합니다.

이처럼 학사 기록을 수기 관리하기 위해서는 3가지가 필요합니다. 첫 번째로 데이터를 안전하게 보관하기 위한 공간인 [창고], 두 번째로 많은 데이터 중 동일한 데이터를 모아 실제로 보관하는 곳인 [책상], 마지막으로 학생들의 정보가 기록되는 종이인 [기록지]입니다. 이것들을 영어로 하면 창고는 [Space], 책상은 [Table], 기록지는 [Record]가 됩니다. 지금부터 설명할 DB도 현실 세계의 정보 관리와 똑같습니다.

❶ 학사 정보 기록 [Space]

❷ 학생 기본 정보 [Table]			
❸학번	이름	성별	나이
0001	홍길동	남자	20
0002	홍길순	여자	20
		❹ Record	

❷ 학생 성적 정보 [Table]			
❸학번	학과	수업	학점
0001	컴공과	JAVA	A
0002	전산과	JAVA	B

현실 세계에서 데이터를 안전하게 보관하기 위해 제일 먼저 창고가 필요했습니다. 데이터베이스도 동일합니다.

❶ IT 시스템으로 창고를 만들고, 이를 스페이스(Space)라 부릅니다. 시스템 내에 정보를 저장하는 공간을 마련해 두는 것입니다. 이 공간에 테이블을 놓고 관리하기 때문에 테이블 스페이스(Table Space)라 부르기도 합니다.

❷ 정보를 별도로 구분 및 관리하기 위해서, 현실 세계와 동일하게 IT 시스템으로 [학생 기본 정보] 책상과 [학생 성적 정보] 책상을 만듭니다. 이 책상을 테이블(Table)이라고 합니다. 각각의 테이블에 관리하고자 하는 이름을 붙이고, 해당 데이터만 놓일 수 있도록 합니다.

❸ 현실 세계와 동일하게 각 테이블에 기록될 데이터가 혼동되지 않도록, [학생 기본 정보] 데이터에 [학번, 이름, 성별, 나이] 레이블을 붙여 둡니다.

❹ 마지막으로, 종이 대신 시스템을 이용해서 학생 데이터를 입력하여 쌓아 둡니다. 이때 현실 세계의 기록지와 같이 하나씩 쌓이는 데이터를 레코드(Record)라고 합니다.

이처럼 현실에서 데이터를 관리하는 방식을 그대로 모방해서 IT 시스템으로 만든 것이 DB입니다.

데이터베이스에는 오라클, MY SQL 등 다양한 종류가 있습니다. 위의 설명은 오라클 DB를 기준으로 하고 있으며, DB마다 부르는 이름에 조금씩 차이가 있습니다. 하지만 기본적인 개념은 동일하다는 것을 기억해 주기 바랍니다.

● **속성**

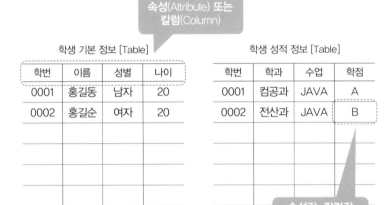

학생 기본 정보 테이블에 동일한 데이터가 기록 및 관리되도록 [학번, 이름, 성별, 나이]와 같이 해당 테이블 안에 들어오는 데이터의 내용을 표시한다고 했습니다. 이것들 하나하나를 DB에서는 테이블의 속성(Attribute)이라고 합니다. 개발자에 따라서는 칼럼(Column)이라고 부르기도 합니다. 그리고 각 속성에 실제로 들어가 있는 값을 속성값 혹은 칼럼값, 칼럼 데이터, 레코드값 등 다양한 표현으로 부릅니다.

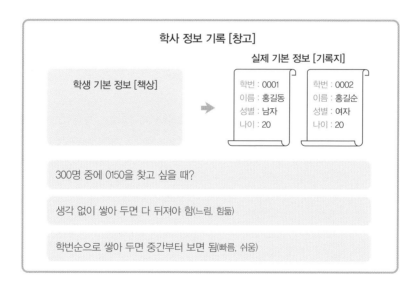

개발자   "기획자 님, 만들어 주신 학생 기본 정보 화면에 대한 DB Table 을 설계하려고 하는데, 속성이 정확히 어떻게 되죠?"

기획자 및 관리자   "네, 개발자 님. 학생 기본 정보 테이블 속성은 [학번, 이름, 성별, 나이]입니다."

TIP   학생 기본 정보 화면에 데이터를 저장하기 위해 테이블을 만드는데, 해당 정보를 구성하는 항목이 무엇인지에 관한 질문입니다.

• **기본 키(Key)**

DB 관련해서 개발자와 이야기를 나눌 때 많이 나오는 단어 중 하나가 기본 키입니다. "이 테이블 기본 키는 뭐로 해야 하죠?"라는 식으로 이야기합니다. 이 기본 키에 대해 알아보겠습니다.

학사 정보 기록 [창고]

실제 기본 정보 [기록지]

학생 기본 정보 [책상]

학번 : 0001
이름 : 홍길동
성별 : 남자
나이 : 20

학번 : 0002
이름 : 홍길순
성별 : 여자
나이 : 20

300명 중에 0150을 찾고 싶을 때?

생각 없이 쌓아 두면 다 뒤져야 함(느림, 힘듦)

학번순으로 쌓아 두면 중간부터 보면 됨(빠름, 쉬움)

현실 세계에서 학생 기본 정보를 관리할 때, [이름, 나이, 성별]만으로 관리한다면 어떻게 될까요? 기본적으로는 문제 없이 관리할 수 있습니다. 하지만 같은 나이, 같은 학년, 같은 이름을 가진 동명이인의 학생이 들어온다면 어떻게 될까요? [이름, 나이, 성별]만으로는 두 학생을 구분할 수 없게 됩니다. 이와 같은 데이터의 중복을 막기 위해서 현실 세계에서 우리는 모든 학생에게 그 학생만의 고유한 번호를 붙입니다. 그 번호가 바로 [학번]입니다. 같은 이름의 학생이 입학하더라도 그 학생을 구분할 수 있는 고유 번호를 만들고, [학번, 이름, 나이, 성별]을 함께 관리하면, 이후 어떠한 경우에도 구분할 수 있습니다.

이 개념이 DB에도 적용됩니다. 테이블에 들어오는 레코드가 구분되도록 [학번]과 같이 중복되지 않는 값을 반드시 하나 이상 만들어서 관리하는데, 이를 키(Key)라고 합니다. 테이블에서 관리하는 정보를 구분할 수 있다는 의미로 기본키라고 부릅니다. 기본 키를 만들어 사용함으로써 편해진 것이 바로 정렬과 검색입니다.

학번이라는 기본 키가 없을 때는 [학생 기본 정보]를 테이블에 정리할 때 순서 없이 쌓아 됐는데, 기본 키인 학번을 만든 이후에는 키 값 순서대로 정보를 쌓을 수 있게 되었습니다. 이를 정렬이라고 합니다. 또한, 예전에는 특정 학생의 데이터를 찾으려면 처음부터 데이터가 나올 때까지 하나하나 확인해야 했지만, 데이터를 키 값 순서대로 쌓게 된 이후로는 해당 키 값이 위치한 부분만 보면 되어 데이터를 훨씬 더 빠르게 찾을 수 있게 되었습니다. 이것이 검색입니다.

Learning TIP

300명의 학생 데이터를 기준 없이 무작위로 쌓아 두면, 학생의 이름 정보로 학생을 찾을 때 그 이름이 나올 때까지 순차적으로 모든 데이터를 살펴봐야 합니다. 하지만 중복되지 않게 학번을 1번부터 300번까지 붙여 두면, 150번의 학번을 가진 학생을 찾을 때 중간부터 찾으면 되기 때문에 데이터를 검색하는 속도가 빨라집니다.

이러한 이유로 개발자는 테이블의 기본 키에 대해서 얘기할 때, 아래와 같은 생각을 염두에 두고 있습니다.

- 첫 번째 : 데이터를 중복되지 않게 관리하기 위한 고유의 값
- 두 번째 : 기본 키를 통해 정렬이 됨
- 세 번째 : 기본 키를 지정하면 검색할 때 속도가 빨라짐

개발자   "이 학생 성적 테이블은 어디까지가 키인가요?"

기획자 및 관리자   "과목 코드와 학번까지입니다."

TIP "이 학생 성적 테이블의 고유 값은 무엇인가요?"라는 질문입니다. 학생 성적의 경우에는 단순히 학번이 기본 키가 되긴 하지만, 한 학생이 여러 가지 수업을 들으면 학번과 수업을 듣는 과목 코드가 병합되어야 고유한 키의 역할을 할 수 있습니다.

• 인덱스(Index)

다음은 인덱스입니다. "학생 기본 정보 테이블에 이름으로 인덱스가 안 걸려서, 조회가 늦어요!"라는 식으로 인덱스라는 용어를 많이 사용합니다.

학생 기본 정보 [Table]

학번	이름	성별	나이
0001	홍길동	남자	20
0002	홍길순	여자	20

인덱스(주소록)

이름	위치
홍길동	1
홍길순	2

중복 없는 고유 번호인 학번이
기본 키(Primary Key)

홍길동이 어디 보자… 1번 위치네!
⇒ 잘 쓰면 빠르고 효과적

위의 그림을 보면 앞서 말한 바와 같이 학번이라는 기본 키를 이용하면 데이터를 쉽게 정렬하고 찾을 수 있습니다. 그런데 실제로 일을 하다 보면 [학번]이라는 키로 학생을 찾는 경우보다 [이름]으로 찾는 경우가 훨씬 더 많습니다. 학번으로 찾을 경우엔 학번이 위치한 순서를 바로 찾으면 됩니다. 하지만 이름은 다릅니다. 정보가 학번 순서로 저장되어 있기 때문에, 이름은 [가나다]순이 아닌 무작위로 섞여 있어서 [홍길동]이라는 특정한 이름으로 찾을 때는 모든 데이터를 하나하나 봐야 합니다. 그리고 중간에 [홍길동]을 찾더라도 또 다른 [홍길동]

이라는 중복된 이름이 있을 수 있기 때문에 끝까지 봐야 합니다.

이처럼 이름으로 학생 정보를 찾을 때마다 업무가 지체되는 상황이 발생합니다. 그러면 이 상황을 해결하기 위해서 어떻게 해야 할까요? 방법은 간단합니다. 학생 기본 정보 중 [이름] 속성으로 특히 검색을 많이 하기 때문에, [이름] 속성에 대해 별도의 주소록을 하나 만들어서 오른쪽 그림과 같이 1열에는 모든 학생의 이름을 [가나다] 순으로 정렬해서 기록하고, 2열에는 기본 키가 되는 학번을 기록합니다. 그러면 그 다음부터 이름으로 정보를 찾을 때, 바로 해당 테이블을 들여다 보는 것이 아니라, 이름으로 정렬된 주소록을 먼저 펼쳐서 [홍길동]이라는 이름 위치를 찾고, 그 사람의 이름에 중복이 있는지 그리고 학번이 몇 번인지 확인합니다. 그 다음 실제 데이터가 기록된 테이블에서 그 학번의 위치에 가서 정보를 찾으면 됩니다. 주소록을 살펴보는 번거로움이 있지만, 모든 데이터를 순서대로 하나씩 다 보는 것보다는 효율적입니다.

실제로 이러한 일을 데이터베이스에서도 동일하게 합니다. 이렇게 데이터베이스에서 테이블의 정보를 조회할 때, 조회에 자주 사용되는 특정 칼럼의 값을 주소록과 같은 색인으로 만들어서 빠르게 검색할 수 있도록 하는 것을 인덱스(Index)라고 합니다.

가끔 검색 속도가 느리거나 불편한 상황이 발생해서 개발자에게 그 이유와 개선 방법에 대해서 물으면, 개발자가 해당 테이블에 인덱스가 없거나 잘못 되어서라고 답하곤 하는데, 이제 이 의미를 이해할 수 있으리라 생각합니다.

Learning TIP

인덱스는 테이블 안에 있는 데이터를 조회하는 속도를 향상시킵니다. 하지만 불필요하게 많은 속성(칼럼)의 인덱스를 만들면 인덱스가 비대해져 관리의 효율성을 떨어뜨립니다. 실제 데이터보다 인덱스 정보가 많아서 시스템이 무거워지거나 느려지는 상황이 발생하는 것입니다. 그래서 개발자는 인덱스를 만들 때, 검색에 자주 이용되는 속성 위주로 꼭 필요한 만큼만 만듭니다.

• 조인(Join)

특정 화면에서 속도가 많이 느릴 때 개발자는 "그 화면에 들어가는 데이터를 조회하는 데 조인(Join)이 너무 많이 걸려서 속도가 느려요"라는 얘기를 많이 합니다. 지금부터 이 조인(Join)의 의미를 알아보겠습니다.

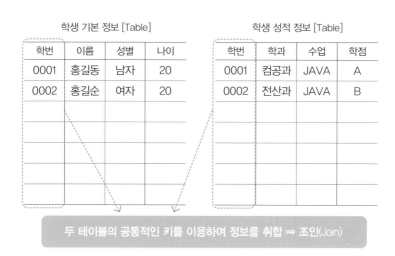

학생 기본 정보 [Table]

학번	이름	성별	나이
0001	홍길동	남자	20
0002	홍길순	여자	20

학생 성적 정보 [Table]

학번	학과	수업	학점
0001	컴공과	JAVA	A
0002	전산과	JAVA	B

두 테이블의 공통적인 키를 이용하여 정보를 취합 ⇒ 조인(Join)

지금까지 [학생 기본 정보]에서는 학생의 [학번, 이름, 성별, 나이]를 관리하고, [학생 성적 정보]에서는 [학번, 학과, 수업, 학점]을 관리하는 것을 봤습니다. 이때 누군가가 "전체 학생의 이름과 나이를 조회해 주세요"라고 요청하면, [학생 기본 정보] 테이블의 정보를 조회해서 전달하면 됩니다. 하지만, "전체 학생의 이름과 나이, 그리고 그 학생의 JAVA 수업 성적을 주세요"라고 하면 어떨까요? 지금까지 책에서 배운 정보만으로는 처리가 어렵습니다. 그 이유는 [이름, 나이]는 학생 기본 정보 테이블에 있고, [JAVA 수업 성적] 정보는 학생 성적 정보 테이블에 있기 때문입니다.

이럴 때는 두 테이블의 정보를 연결해서 모아야 합니다. 이렇게 필요한 정보가 여러 개의 테이블에 있는 경우, 이것을 하나로 모으는 것을 데이터베이스에서 조인(Join)이라고 합니다. 그러면 어떻게 정보를 합칠 수 있을까요? 정보를 가지고 있는 두 테이블에서 공통으로 사용하는 키를 연결하여 정보를 찾는 것입니다.

그림을 보면 두 개의 테이블에서 동일하게 사용되는 키인 [학번]을 이용해서, [학생 기본 정보] 테이블의 정보와 [학생 성적 정보] 테이블의 정보를 연결합니다. 즉, [학생 기본 정보] 테이블에서 학번이 [001]인 학생의 [학번, 이름, 나이]를 가져오고, [학생 성적 정보] 테이블에서 [학번, 수업, 학점] 정보를 가져와서 연결(Join)하여, 그중 수업이 [JAVA]인 성적 정보만 가져오면 됩니다.

이렇게 공통되는 키를 연결해서 여러 개의 다른 테이블에 있는 정보를 가져오는 것을 '키를 이용해서 테이블을 연결한다'는 의미로 조인이라고 하고, 개발자는 이렇게 다른 테이블을 조인할 때, '테이블에 조인을 건다'고 표현합니다.

조인은 테이블 간에 연결되는 키만 존재하면 여러 개의 테이블을 연결할 수도 있습니다. 하지만 조인을 하는 테이블의 숫자가 많아질수록, DB에서 테이블의 데이터를 연결하는 작업을 할 때 조회 속도가 엄청나게 느려집니다.

> 🧑 **개발자**
> "기획자 님이 그려 주신 화면을 만들려면, 조인이 너무 많이 필요해서 속도가 느려집니다. 속도가 느려지는 것을 감안하거나, 화면의 정보를 조금 나눠서 보여 줄 필요가 있습니다."
>
> 🧑 **기획자 및 관리자**
> "네! 속도가 느려지면 안 되니까, 화면을 분할하여 조정하는 방법을 찾아보겠습니다."
>
> 💬 TIP 기획을 하면서 조인까지 고려하기 쉽지 않습니다. 다만, 위와 같은 문제가 발생해서 부득이하게 화면을 조정해야 하는 경우에는, 개발자에게 테이블 명세서를 요청하여 화면에 제공해야 할 정보와 DB 테이블을 비교하면서, 가능한 한 연결될 테이블의 수가 적어지도록 조정하는 것이 좋습니다.

• 매핑 테이블(Mapping Table)

A사 국가명	매핑 테이블 ❶			자사 국가명
	국가코드	A사 국가명	자사 국가명	
한국	1	한국	대한민국	대한민국
미국	2	미국	USA	USA
중국	3	중국	중화인민공화국	중화인민공화국

2015년도	매핑 테이블 ❷			현재
	연도	구 학과명	현재 학과명	
전산	2015	전산	컴퓨터 공학	컴퓨터공학
전기제어	2015	전기제어	전자 공학	전자공학

외부 시스템 연계 시, 같은 정보인데 사용되는 값이 다른 경우에 대해서 이야기했습니다. 이때 간단하게 매핑 테이블(Mapping Table)의 개념을 설명했는데, 업무를 진행하다 보면 매핑 테이블의 개념을 알고 개발자와 소통해야 하는 경우가 있어서 좀 더 자세히 알아보겠습니다. 매핑 테이블을 필요로 하는 경우는 많은데, 그중 대표적인 두 가지 경우를 보겠습니다.

첫 번째는 다른 시스템과 정보를 연계할 때 같은 데이터인데 표현이 다른 경우입니다. 그림의 위쪽을 보면, A사와 자사의 국가 정보를 연계해야 하는데, A사와 자사의 국가명 표기법이 다릅니다. 이 경우, 매핑 테이블을 만들어서 데이터를 저장해 두고, 향후 A사에서 [한국]이라는 값을 전달하면 매핑 테이블의 [A사 국가명] 칼럼에서 [한국]을 찾고, 그와 연결된 [자사 국가명] 칼럼의 [대한민국]으로 바꿔서 정보를 받습니다.

두 번째는 같은 데이터인데 표현이 변경되는 경우입니다. 예를 들어, 어떤 대학교에서 2015년까지 [전산학과]라는 학과명을 사용했는데, 2016년부터 같은 학과의 이름을 [컴퓨터공학과]로 바꿨습니다. 이 경우, 특정 연도에는 [전산학과]였던 것이 현재는 [컴퓨터공학과]로 바뀌었다는 정보를 매핑 테이블에 저장하여 관리하면, 이후 [컴퓨터공학과]라는 이름을 검색해도 [전산학과] 당시의 정보까지 조회할 수 있습니다.

DB를 쓰는 이유

그러면 우리는 왜 DB 시스템을 만들어서 이용할까요? 데이터를 저장해 두고 필요에 따라서 꺼내 사용하기 위해서입니다. 이때 IT에서는 저장을 Create, 수정을 Update, 삭제를 Delete, 조회를 Read라고 합니다. 그래서 이 작업의 맨 앞글자만 모아서 CRUD라고 부르는데, DB는 결국 CRUD 작업을 통해 데이터를 관리하고 이용하기 위해서 사용됩니다.

그러면 CRUD 작업을 DB에 지시하려면 어떻게 해야 할까요? 간단합니다. "DB야! 내가 필요한 이 정보를 입력해! 그리고 저 정보를 조회해 줘"라고 이야기하면 됩니다. 단, 나라마다 언어가 다르고 사람과 동물의 언어가 다르듯이, DB에게는 DB가 이해할 수 있는 언어를 이용해서 지시해야 합니다. 바로 이렇게 DB가 이해할 수 있도록 만든 언어가 SQL입니다.

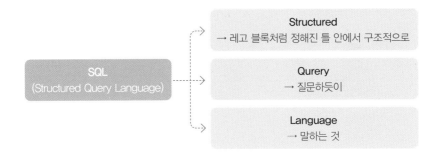

SQL

	Structured → 레고 블록처럼 정해진 틀 안에서 구조적으로
SQL (Structured Query Language)	Qurery → 질문하듯이
	Language → 말하는 것

SQL은 [Structured Query Language]의 약어로 DB한테 말하는 언어를 말합니다. 풀어 보면 DB에게 지시를 하되 구조적(Structured)으로 질의(Query) 형태로 하도록 만들어진 언어(Language)라는 의미입니다. 하나씩 살펴보겠습니다.

첫 번째, [Structured]입니다. 구조화된 형태라는 의미인데, 레고 블록을 생각하면 쉽습니다. 진흙으로 집을 만들 때는 자유롭게 만들어도 되지만, 레고 블록으로 집을 만들 때는 집의 설계나 구조는 자유롭게 하되 반드시 레고의 구조화된 블록 모양에 따라 집을 만들어야만 합니다. 진흙으로 집을 만드는 것이 우리가 일상에서 사용하는 자연어라면, DB에 얘기할 때는 레고 블록처럼 구조를 갖추고 사용해야 한다는 말입니다.

두 번째, [Query]입니다. 쿼리를 번역하면 질문입니다. 얘기를 할 때 질문하듯이 하라는 것입니다.

세 번째, [Language]입니다. 결국은 언어를 사용하라는 것입니다.

기본 개념에 대한 보다 명확한 이해를 위해서, 실제 SQL 언어를 사용한 예제를 살펴보겠습니다.

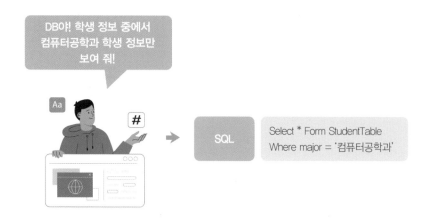

DB에게 "학생 정보 중에서 컴퓨터공학과 학생 정보만 보여 줘"라는 요청을 하고 싶습니다. 이때 SQL은 [Select * Form StudentTable Where major = '컴퓨터공학과']라고 작성합니다. 해석하자면 [Select : 선택해 줘], [* : 모든 정보를], [StudentTable : 학생 테이블로부터], [Where major = '컴퓨터공학 과' : 단, 전공이 컴퓨터공학과인 학생만]입니다. 이렇게 SQL 언어로 작성된 명령을 쿼리라고 합니다.

만약 SQL이 자연어 방식이라면 [Select] 대신 [Give]나 [Send]라는 표현을 쓸 수 있고, 표현의 순서도 마음대로 할 수 있습니다. 하지만 SQL은 구조화된 (Structured) 언어이기 때문에 반드시 [Select]라는 용어를 써야 하고, 순서도 위의 그림과 같은 순서로만 작성해야 합니다. 그리고 항상 처리할 명령이 맨 앞에 나오면서, 요청할 작업을 명확하게 질의(Query)하는 방식으로 작성해야 합니다.

즉, DB가 요청을 정확하게 이해할 수 있는 구조화된 질문 형태의 언어를 SQL이라고 하며, 개발자는 DB 접속 프로그램을 이용해서 위 예시의 명령어를 화면에 입력합니다. 그러면 DB는 명령에 따라서 처리를 하고, 그 결과를 화면에 보여 줍니다.

커밋과 롤백

C = Insert(데이터를 넣고)
R = Read(데이터를 조회하고)
U = Update(데이터를 수정하고)
D = Delete(데이터를 지우고)

파란색 ⇒ 데이터 변화 없음
빨간색 ⇒ 데이터 변화 있음

데이터에 변화를 줄 때, 실수하지 않기 위해
확실할 때는 **커밋**(Commit) ⇒ 이대로 바꿔
잘못했을 때는 **롤백**(Rollback) ⇒ 원래대로 돌려놔

DB를 이용하는 이유는 CRUD를 위해서라고 했습니다. 이때 CRUD는 위의 그림에서 보듯이 빨간색 글씨와 파란색 글씨로 구분되는데, 빨간색은 데이터에 변화를 주는 작업이고 파란색인 Read만이 데이터를 변경하지 않는 작업입니다.

DB 작업 시, 데이터가 변경될 수도 있는 업무를 할 때는 주의가 필요합니다. 실수로 중요한 데이터를 지우거나, 잘못 입력하거나, 수정하여 상당히 큰 문제를 일으킬 수 있기 때문입니다. 그래서 데이터베이스에 안전 장치를 둡니다. 그것이 커밋과 롤백입니다. 커밋(Commit)은 데이터에 변화를 주고 나서 이대로 확정하라는 의미이고, 롤백(Rollback)은 방금 입력, 수정, 삭제 등으로 변경한 데이터를 원래대로 돌려놓으라는 의미입니다.

Learning TIP

드문 경우지만, 개발자가 "아! 실수로 커밋을 잘못해서 롤백이 안 되는 상황입니다"라고 하면, 이것은 개발 작업 중 실수로 중요한 데이터를 잘못 바꿨는데, 확정을 해 버려서 원래대로 돌려놓을 수 없다는 의미입니다. 혹시라도 개발자가 기획자나 관리자에게 이런 얘기를 했다면 데이터에 큰 문제가 생겼다는 것입니다. 이 경우에는 현재의 DB 데이터로는 조치가 어려우니 사전에 백업해 놓은 DB 데이터 정보를 빠르게 복원하는 방법을 찾아야 합니다.

쿼리를 날리다	➡	DB에 데이터 입력, 조회, 수정, 삭제 명령을 보내다
조회 쿼리가 너무 느려서	➡	조회 명령 후, 데이터 나오는 시간이 오래 걸림
커밋했니?	➡	입력, 수정, 삭제 명령하고 확정 지었니?
데이터 다 롤백했어요	➡	뭔가 잘못돼서 명령한 거 다 원복했어요

개발자가 SQL을 사용할 때 자주 쓰는 표현이 몇 가지 있는데, 개발자와 소통하는 경우를 위해서 이를 소개하겠습니다.

- 첫 번째, "쿼리를 날리다" : DB에 SQL 명령어를 실행시켰다는 의미
- 두 번째, "조회 쿼리가 너무 느려서" : DB에 조회 명령을 했는데, 데이터가 조회되는 시간이 오래 걸린다는 의미
- 세 번째, "커밋했니?" : 데이터를 변경하는 쿼리 명령을 실행하고, 최종적으로 반영을 확정했느냐는 의미
- 네 번째, "데이터 다 롤백했습니다" : DB에 데이터를 변경하는 작업에 문제가 생겨서, 명령하기 이전의 상태로 원복했다는 표현

🧑 **개발자**   "게시판 데이터 작업하던 게 좀 이상해서 어제 버전으로 롤백했습니다. 체크 부탁드려요."

🧑 **기획자 및 관리자**   "네. 어제 이후로 등록된 건 있는지 확인해 보겠습니다."

💡 TIP   개발자의 요청에 기획자는 "아! 게시판 데이터가 어제 버전으로 돌아갔구나!"라고 정확히 이해하고, 답변하고 있습니다.

칼럼 타입

데이터베이스 작업과 관련하여 개발자와 소통할 때 칼럼 타입과 테이블 정의서의 개념을 꼭 알아야 합니다.

칼럼 타입은 개발 부분에서 설명했던 타입과 동일한 의미입니다. DB에 테이블의 칼럼값을 저장하기 위해서는 저장될 데이터가 숫자인지, 문자인지, 날짜인지, 아니면 대용량 데이터 정보인지를 각 칼럼에 미리 정의해 두어야 합니다. 예를 들면, [나이]라는 칼럼은 [숫자형] 타입을 써야 합니다.

이미 설명했지만, 개발자는 여러분이 학번, 이름과 같은 정보를 얘기할 때, 항상 머릿속에서 학번은 숫자 타입인가? 문자 타입인가?를 생각하고 있음을 기억해야 합니다. 따라서 어떠한 문서나 정보를 개발자에게 전달할 때는 단순하게 학번, 이름만 전달하는 것이 아니라 학번은 [숫자], 이름은 [문자]와 같은 식으로 타입 정보까지 함께 전달하는 게 좋습니다.

STUDENT							
컬럼 ID	Type	Collation	Null	Key	Default	Extra	Comment
stu_number	number		NO	PRI		auto_increment	학번
stu_sex	varchar(1)	utf8_general_ci	YES		M		성별
stu_name	varchar(45)	utf8_general_ci	YES				이름
stu_major	varchar(400)	utf8_general_ci	YES				전공
stu_birth	Date		YES				날짜

　　기획자가 스토리보드를 통해서 그려 놓은 화면의 많은 정보는 개발자에게 전달된 후 최종적으로 DB 테이블로 변경됩니다. 이때 테이블 정보를 정의하는 문서를 [테이블 정의서]라고 합니다. [테이블 정의서]를 구성하는 항목은 위의 그림과 같습니다.

　　테이블 정의서에는 테이블을 구성하는 속성(칼럼)의 이름, ID, 타입 등 다양한 정보가 저장되어 있는데, 문서 전체를 이해하려면 어려울 것입니다. 여러분은 아래 그림에서 붉은색으로 표시한 부분을 주의해서 보고 이 부분은 꼭 기억하도록 합니다. 이 부분이 테이블 정의를 위해서 개발자가 기획자로부터 전달받아야 하는 필수 정보입니다.

STUDENT							
컬럼 ID	Type	Collation	Null	Key	Default	Extra	Comment
stu_number	number		NO	PRI		auto_increment	학번
stu_sex	varchar(1)	utf8_general_ci	YES		M		성별
stu_name	varchar(45)	utf8_general_ci	YES				이름
stu_major	varchar(400)	utf8_general_ci	YES				전공
stu_birth	Date		YES				날짜

첫 번째는 화면을 구성하는 요소, 즉 항목의 이름입니다. 왼쪽 화면에서는 [Comment]로 표시된 부분입니다.

두 번째는 타입입니다. 이 항목이 문자인지, 숫자인지, 날짜인지를 전달해야 합니다.

세 번째는 Null 여부입니다. [Null]은 IT에서 다양한 의미로 사용되는데, 대표적으로 [값이 없음]을 의미합니다. 즉, 이 항목에 값이 없어도 되는지, 아니면 반드시 어떤 값이 들어 있어야 하는지에 대한 정보입니다.

네 번째는 Default 값입니다. 성별에는 남자, 여자 둘 중 하나가 무조건 들어가야 합니다. 이 칼럼에 들어갈 수 있는 값은 [남자-M]와 [여자-W]이며, 최초 세팅(기본값)은 둘 중 하나로 해야 한다는 정보입니다.

테이블 정의서의 개념과 개발자가 필요로 하는 최소 정보를 이해하고 화면을 기획하여 화면 구성 요소 정보를 전달하면 개발자는 훨씬 일하기 편해집니다.

🔒 **개발자**　　　"학생 정보 테이블 정의서에 들어갈 정보 부탁 드립니다."

🔒 **기획자 및 관리자**　"네! 전달 드리겠습니다."

TIP　화면을 구성하는 칼럼 항목의 이름, 타입, null 여부, default 값 등을 엑셀에 정리해서 전달합니다. 추가적으로 개발자가 필요로 하는 정보가 있다면 이를 추가합니다.

2.9

테스트, 배포, 오픈 및 안정화 필수 지식

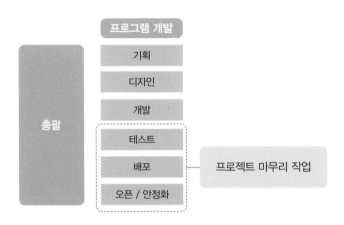

이번 절은 테스트, 배포, 안정화에 대한 설명으로, 개발이 완료된 후 프로젝트를 마무리하는 작업에 대한 부분입니다. 업무적으로 개발과 밀접한 관계를 가지고 진행되기 때문에, 실전 업무 중심으로 살펴보겠습니다.

테스트

테스트는 개발이 완료된 프로그램이 정상적으로 동작하는지 확인하고 보완하여, 시스템 오픈을 준비하는 단계입니다. 대부분은 테스트의 기본 개념을 알고 있으리라 생각됩니다. 하지만 실제 현장에서 테스트에 대한 체계적인 지식이 없어서 프로젝트 마지막에 어려움을 겪지 않도록, 테스트 준비 단계부터 마무리 단계까지 순서대로 살펴보겠습니다.

테스트는 위 그림과 같이 4단계로 구분할 수 있습니다.

첫 번째, 환경 준비 단계입니다. 테스트 서버 준비부터, 앱이라면 테스트 앱 배포 준비 등 테스트를 하기 위한 환경을 준비하는 단계입니다.

두 번째, 단위 테스트 및 통합 테스트 단계입니다. 실제 테스트가 이루어지는 단계로, 일반적으로 말하는 테스트는 이 단계를 말합니다. 이 단계에서는 개발 구축된 시스템의 기능이 정상으로 동작하는지를 확인합니다.

세 번째, 시스템 테스트입니다. 기능 외적인 요소에 대한 테스트입니다. 대표 적으로 성능 테스트, 스트레스 테스트, 보안 테스트 등이 있습니다.

네 번째, 오픈 준비입니다. 테스트에서 발견된 오류를 수정하고, 시스템 오픈 을 준비하는 단계입니다.

• 테스트 환경 준비

테스트 환경 준비에서 가장 중요한 것은 테스트를 위한 물리적인 서버를 준비하는 것입니다. 실제 개발 현장에서는 개발 서버, 테스트 서버, 운영 서버 등 세 가지 서버를 기본으로 준비합니다.

첫 번째, 개발 서버는 개발자가 자신의 로컬 PC에서 개발을 진행하다가, 개발한 내용이 서버 환경에서 정상적으로 동작하는지 테스트하는 서버입니다. 이 서버의 주요 목적은 여러 사람이 개발하는 프로젝트에서 내가 개발한 코드가 정상적으로 동작하는지를 실제 환경과 가깝게 테스트하는 것입니다.

두 번째, 테스트 서버는 테스트만을 위한 전용 서버입니다. 주요 목적은 개발되는 시스템을 사용자 및 관련된 많은 사람이 실제 운영 환경과 유사한 환경에서 테스트를 하면서, 시스템의 기능 및 오류를 확인하는 것입니다.

세 번째, 운영 서버는 테스트 완료 후 실제 서비스를 운영하는 서버입니다.

이처럼 테스트를 위해서는 위의 서버들을 준비해야 하는데, 하나 주의해야 할 점이 있습니다. 운영 서버는 실제 운영을 하는 서버이므로 고사양으로 준비해야 하지만 개발 서버나 테스트 서버는 비용 절감을 위해서 사양이 낮은 서버를 사용하기도 합니다. 이때 운영 서버와 테스트 서버는 동일한 사양의 서버를 쓰는 것이 좋고, 비용 문제로 물리적 사양이 조금 낮은 테스트 서버를 사용하더라도, 해당 서버에 설치되는 프로그램, 즉 OS, WAS, 개발 언어의 실행 환경, 기타 설치 파일의 환경은 무조건 동일해야 합니다. 단순히 동일한 프로그램일 뿐만 아니라 각 프로그램의 서브 버전까지도 동일해야 합니다. 그 이유는 설치된 프로그램 환경에 따라 개발된 기능이 정상적으로 동작하지 않는 경우도 있기 때문입니다.

이는 너무 당연한 것이고 개발 리더가 잘 챙겨야 하는 일이지만, 가끔 개발 리더가 이런 부분을 잘 체크하지 않는 경우도 있습니다. 이러한 환경 준비에 대한 개념이 없는 기획자나 관리자는 테스트 서버와 운영 서버의 S/W 환경이 다른 채로 테스트 오픈 준비를 하다가, 마지막에 운영 오픈 시 테스트 서버에서는 정상적으로 동작하던 것들이 운영에서는 비정상으로 작동하는 심각한 상황을 겪기도 하니 꼭 기억하고 주의해야 합니다.

• 단위 테스트

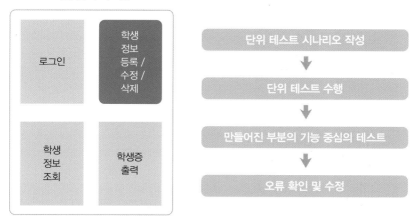

학생 관리 시스템

- 로그인
- 학생 정보 등록 / 수정 / 삭제
- 학생 정보 조회
- 학생증 출력

- 단위 테스트 시나리오 작성
- 단위 테스트 수행
- 만들어진 부분의 기능 중심의 테스트
- 오류 확인 및 수정

테스트 환경이 갖춰지고 나면 제일 먼저 진행하는 것이 단위 테스트입니다. 단위 테스트는 기능 단위의 테스트로, 기능 단위 테스트 시나리오를 작성하고, 해당 시나리오에 따라 테스트를 진행하고, 발생한 오류를 수정하여 프로그램 기능이 정상적으로 동작하도록 하는 테스트입니다.

예를 들어 학생 관리 시스템을 개발하는 데 위의 왼쪽 그림처럼 4가지 주요 기능이 있다면, 단위 테스트는 각각의 주요 기능을 별도로 테스트하면서, 프로그램이 정상적으로 동작하는지 확인합니다.

• 통합 테스트

학생 관리 시스템

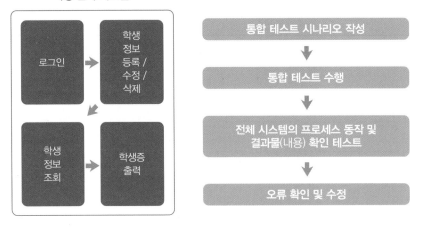

단위 테스트가 완료되면 통합 테스트를 진행합니다. 통합 테스트는 단위 테스트와 동일하게 통합 테스트 시나리오를 작성하고, 해당 시나리오에 따라 테스트를 수행한 후, 발견된 오류를 수정하는 순서로 진행됩니다. 이때, 단위 테스트와 통합 테스트를 같은 시나리오로 진행하고, 단위 테스트는 개발자가, 통합 테스트는 실제 사용자가 진행하는 것으로 오해하는 경우가 많습니다. 하지만 단위 테스트와 통합 테스트는 완전히 다른 테스트입니다. 단위 테스트가 각각 나뉜 업무 기능에 대한 테스트라면, 통합 테스트는 그 업무 간의 상관성과 연계성을 체크하는 테스트입니다. 위의 그림에서 보는 바와 같이 특정한 기능을 테스트하는 것이 아니라, 처음부터 끝까지 전체 프로세스를 테스트하는 것입니다.

예를 들어 보겠습니다. 단위 테스트에서 학생 정보 등록 모듈에 학생 정보가 정상적으로 등록되고, 학번이 자동으로 5자리 숫자로 이상 없이 발급되는 것을 확인했습니다. 단위 기능에서는 아무 문제가 없어서 단위 테스트는 통과하였습니다. 하지만 통합 테스트를 해 보니, 자동으로 발급되는 학번이 학생 정보 조회 화면에서는 4자리 숫자를 기준으로 만들어져 있었습니다. 각각의 단위 테스트를 진행할 때는 한쪽은 5자리 숫자로, 한쪽은 4자리 숫자로만 테스트를 해서 양쪽 모두 정상이라고 판단했는데, 통합 테스트로 두 기능을 연결해 보니 이러한 문제를 확인할 수 있게 된 것입니다.

좀 더 확실한 이해를 위해서 제가 실제 경험했던 사례를 하나 들어 보겠습니다. 사우디아라비아의 한 병원에서 대규모 HIS(Hospital Information System) 개발 프로젝트의 멤버로 일한 적이 있습니다. 이때 단위 테스트는 간호, 검사, 영상 등 파트별로 담당자가 모여서 테스트를 하고 오류를 수정했습니다. 그리고 통합 테스트 때는 200명의 환자 시나리오를 만들고, 각기 다른 테스트 환자 시나리오를 가진 200명의 사람들이 아침 9시부터 오후 6시까지 하루 종일 병원을 돌아다니면서 실제 운영되는 환경과 유사한 테스트를 진행했습니다. 워낙 큰 프로젝트라서 단위 테스트 당시 모든 오류를 해결한 상태로 통합 테스트를 진행했지만, 단위 테스트에서는 보이지 않던 수많은 오류를 확인하였고, 마지막에 보완할 수 있었습니다.

이와 같이 단위 테스트와 통합 테스트의 목적은 분명히 다릅니다. 하지만 단위 테스트, 통합 테스트가 모든 개발 환경에서 항상 동일하게 적용되는 것은 아닙니다. 개발의 규모나 성격에 따라 단위 테스트만 진행하거나, 단위 테스트를 조금 확장한 형태의 통합 테스트로 하는 경우도 있고, UAT, SIT 등과 같은 용어로 테스트 명칭과 방법을 조금 다르게 부르는 경우도 있습니다. 상황에 맞춰 적절히 대응하기 위해서는 단위/통합 테스트의 기본 개념을 명확히 이해하고, 실제 활용 시에는 상황에 맞게 적절히 조정하는 유연함이 필요합니다.

• **시스템 테스트**

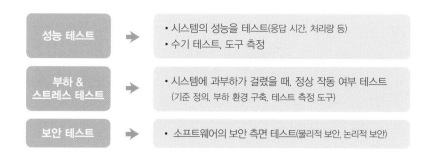

PART 02 비전공자를 위한 IT 개발 필수 지식　**171**

다음은 시스템 테스트입니다. 시스템 테스트는 기능을 제외한 성능과 안정성 등을 테스트하며, 크게 세 가지 구분이 있습니다.

첫 번째, 성능 테스트입니다. 실제 개발된 기능이 성능 부분에서 문제 없이 동작하는지 체크하는 테스트입니다. 간단히 말하면 속도가 너무 느리지 않은지를 확인하는 테스트입니다.

두 번째, 부하 및 스트레스 테스트입니다. 이 테스트는 시스템에 과부하가 걸렸을 때 어디까지 시스템이 유지될 수 있는지를 확인하는 테스트입니다. 갑자기 사용자가 몰렸을 때 얼마나 잘 버틸 수 있는지에 대한 테스트입니다.

마지막은 보안 테스트입니다. 소프트웨어 및 개발된 코딩의 물리적, 논리적인 보안을 체크하는 테스트입니다.

시스템 테스트에서 주의해야 할 것은, 개발이나 프로젝트 초기 단계에 이러한 시스템 테스트가 필요한지를 확인하고, 필요 시 테스트 기준을 사전에 고객과 협의를 통해서 정리하는 것입니다. 그 이유는 진행하는 프로그램의 개발에 따른 영향도 있지만, 도입되는 H/W의 성능도 영향을 미치기 때문입니다. 프로그램 개발이 조금 비효율적이라도 H/W 성능이 좋으면 속도가 빨라지고, 개발이 아무리 효율적이어도 H/W 성능이 나쁘면 속도가 느려집니다. 그래서 사전에 시스템 테스트에 대한 협의 없이 진행을 하다가, 프로젝트 막바지에 갑작스럽고 무리한 시스템 테스트 요구를 받아 고생하는 경우가 발생할 수 있습니다.

개발자   "스트레스 테스트는 어떤 기준으로 할 건가요?"

기획자 및 관리자   "저희는 별도의 스트레스 테스트는 하지 않고, 기본 성능 테스트만 할 계획입니다."

TIP   스트레스 테스트는 접속 유저 급증과 같은 과부하에 대한 테스트이며, 고객과 협의된 기준에 따라 얘기하면 됩니다. 위의 경우에는 별도의 부하 테스트는 않지 않기로 했으며, 일반적인 상황에서 성능이 정상인지만 테스트하기로 협의했다는 내용입니다.

배포

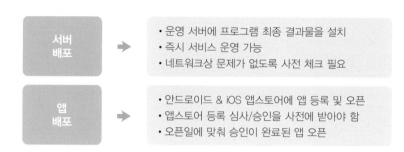

서버 배포	→	• 운영 서버에 프로그램 최종 결과물을 설치 • 즉시 서비스 운영 가능 • 네트워크상 문제가 없도록 사전 체크 필요
앱 배포	→	• 안드로이드 & iOS 앱스토어에 앱 등록 및 오픈 • 앱스토어 등록 심사/승인을 사전에 받아야 함 • 오픈일에 맞춰 승인이 완료된 앱 오픈

다음은 배포입니다. 테스트가 완료되고 나면, 사용자가 프로그램을 사용할 수 있도록 시스템을 오픈해야 합니다. 배포는 시스템 오픈을 준비하는 일이며, 웹 프로그램이라면 서버에 최종 웹 프로그램을 설치하고, 앱이라면 앱을 다운로드받을 수 있도록 등록합니다. 배포에 대해서는 이전 절에서 설명하였으므로 간단하게 주의 사항만 확인하겠습니다.

서버에 배포하는 경우에는 반드시 네트워크에 문제가 없는지 빠르게 체크하고 준비하여야 합니다. 오픈 준비가 다 되었는데, 마지막에 갑자기 네트워크 방화벽에서 특정 유저가 접근하지 못 하게 막는 등의 상황이 발생할 수도 있습니다.

앱 배포의 경우에는 사전에 심사 승인에 대한 일정을 충분히 고려하여야 합니다. 특히 iOS는 가능한 한 4주 이상의 승인 심사 기간을 고려하여 오픈 일정을 잡고, 등록 시 꼼꼼한 준비를 통해서 심사 거절이 나오지 않도록 해야 합니다.

개발자   "PM 님, 서버에 최종 디플로이는 언제 할까요?"

기획자 및 관리자   "네. 오픈 전날 밤 6시에 진행할 계획입니다. 그리고 6시부터 10시까지 정상 배포 확인할 거예요."

TIP 디플로이는 배포의 영문명으로, 개발자가 자주 쓰는 표현입니다. 개발자가 배포 일정에 대한 문의를 한 것이며, 일정에 따라 설명하면 됩니다.

오픈 및 안정화

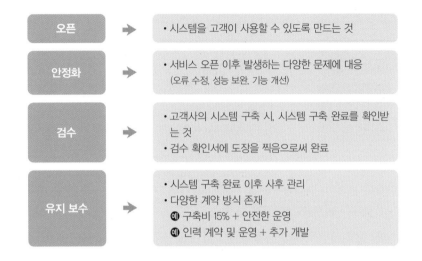

오픈 → • 시스템을 고객이 사용할 수 있도록 만드는 것

안정화 → • 서비스 오픈 이후 발생하는 다양한 문제에 대응
(오류 수정, 성능 보완, 기능 개선)

검수 → • 고객사의 시스템 구축 시, 시스템 구축 완료를 확인받는 것
• 검수 확인서에 도장을 찍음으로써 완료

유지 보수 → • 시스템 구축 완료 이후 사후 관리
• 다양한 계약 방식 존재
  📄 구축비 15% + 안전한 운영
  📄 인력 계약 및 운영 + 추가 개발

마지막으로 오픈 및 안정화입니다. 이 부분은 4가지 단계로 나뉩니다.

첫 번째, 오픈 단계입니다. 테스트가 끝나고 모든 준비가 완료되면, 일정에 따라 시스템을 오픈하는 단계입니다. 시스템을 고객이나 사용자가 사용할 수 있도록 열어 두는 것입니다.

두 번째, 안정화 단계입니다. 모든 준비를 하고 시스템 오픈을 해도 어디선가 꼭 문제가 발생합니다. 이러한 문제에 즉각 대응하기 위해서, 개발 진행 팀은 바로 철수하지 않고 오픈 이후 일정 기간 동안 남아서 문제를 확인하고 수정하는 등의 대응을 하는데, 이를 안정화라고 합니다.

세 번째, 검수 단계입니다. 안정화까지 끝나고 나면 고객은 최종적으로 시스템 개발이 정상 완료되었다는 인정을 해 줘야 합니다. 이렇게 인정 및 확인을 받는 최종 업무가 검수입니다. 검수는 개발된 모든 사항을 체크하고, 검수 확인서라는 문서에 최종 날인을 함으로써 끝납니다.

네 번째, 유지 보수 단계입니다. 검수까지 완료한 개발 팀은 보통 철수하거나, 별도의 계약을 통해 일정 인력을 남겨 두고 완성된 시스템을 운영하는데, 이것을 운영 유지 보수라고 합니다. 운영 유지 보수에는 다양한 계약 방식이 있습니다. 솔루션으로 구축되었다면 구축비의 15% 정도를 유지 보수 비용으로 계약하고 시스템에 오류가 발생하거나 문제가 발생하는 상황에 대응을 해 주기도 하고, 별도의 인력 계약으로 남은 인원이 오류 수정 및 안정화와 함께 부가 기능을 개발하기도 합니다.

P A R T 03

IT 시스템 원리 및 업무 지식

이번 파트에서는 사전 지식이 거의 없고, 공부하기 어려워하는 H/W와 관련된 시스템의 필수 지식을 설명합니다. 서버 구성 및 동작 원리, 네트워크 구성, PC의 구조, 프로그램 기본 동작 원리를 설명하여, 개발자와 H/W와 관련된 업무 소통이 불가능하던 부분에 있어 필요한 정보를 제공합니다.

서버 구성, 동작 원리 및 이용 방법

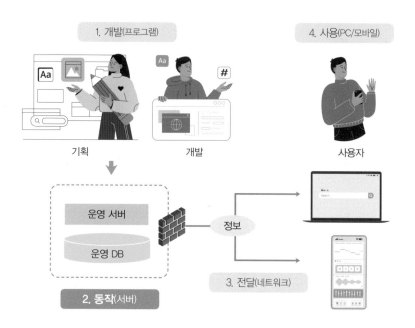

1. 개발(프로그램)

기획　　　　　개발

4. 사용(PC/모바일)

사용자

운영 서버

운영 DB

정보

2. 동작(서버)

3. 전달(네트워크)

이번 절은 이용 목적에 따른 서버의 구분, 기능에 따른 서버의 구분, 서버의 구성 방법 및 서버를 이용하는 방법까지 서버와 관련해서 여러분들이 알아야 할 내용 중심으로 설명하겠습니다.

업무적 서버 구분

서버에 대해서는 위 그림과 같이 테스트 환경을 준비하는 단계에서 간단히 설명했습니다. 서버는 그 이용 목적에 따라서 세 가지로 구분할 수 있습니다.

- 첫 번째, 개발 서버 : 개발자가 개발 테스트를 위해 사용하는 서버
- 두 번째, 테스트 서버 : 사용자가 테스트를 하기 위해 준비하는 서버
- 세 번째, 운영 서버 : 실제로 서비스를 운영하는 서버

위의 세 가지 서버는 이전 절에서 설명하였고, 이번엔 추가로 스테이징 서버가 있습니다. 스테이징 서버는 환경을 실제 운영 환경과 최대한 동일하게 구성하여, 운영 서버에 오픈하기 직전에 최종 점검을 하는 용도의 서버입니다. 오픈 이후에는 운영 서버의 실제 데이터를 포함한 정보를 동일하게 유지하면서, 신규 기능 업데이트 등을 하기 전에 운영 서버와 동일한 환경에서 점검하는 데 사용합니다.

이와 같이 서버는 업무의 목적에 따라 3~4개로 나누어 구축 및 운영합니다. 여기서 이러한 서버 환경 및 구성은 개발 현장에 따라 다르다는 점에 주의해야 합니다. 책에서의 설명이 기본이라면, 실제 IT 현장에서는 시스템 규모나 사업의 비용 및 서비스 방법 등에 따라 개발 서버와 테스트 서버를 병행해서 사용하거나 더 세분화하기도 하고, 스테이징 서버를 두지 않거나 더 정밀하게 구성하기도 합니다. 따라서 업무 용도에 따른 서버의 구분 및 기능을 숙지하고, 본인이 진행하는 개발 프로젝트 상황에 따라 적절하게 협의하거나 적용해야 합니다.

프로젝트 상황에 따라 구성하는 서버의 종류나 H/W 스펙은 조정될 수 있지만, 각 서버에 설치되는 프로그램 구성은 가능한 한 모두 동일해야 합니다.

이러한 서버의 목적을 현장 상황과 함께 좀 더 자세히 살펴보겠습니다.

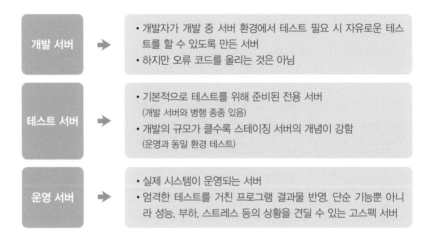

개발 서버 ➡
- 개발자가 개발 중 서버 환경에서 테스트 필요 시 자유로운 테스트를 할 수 있도록 만든 서버
- 하지만 오류 코드를 올리는 것은 아님

테스트 서버 ➡
- 기본적으로 테스트를 위해 준비된 전용 서버
  (개발 서버와 병행 종종 있음)
- 개발의 규모가 클수록 스테이징 서버의 개념이 강함
  (운영과 동일 환경 테스트)

운영 서버 ➡
- 실제 시스템이 운영되는 서버
- 엄격한 테스트를 거친 프로그램 결과물 반영. 단순 기능뿐 아니라 성능, 부하, 스트레스 등의 상황을 견딜 수 있는 고스펙 서버

먼저 개발 서버로, 개발 중 개발한 내용을 서버 환경에서 테스트할 수 있도록 만든 서버입니다. 즉, 개발자가 자유롭게 테스트를 할 수 있는 곳입니다. 하지만 간혹 개발 현장에서 완성되지 않은 오류 코드를 이 곳에 올려도 된다고 생각하는 경우가 있는데, 이 부분은 주의해야 합니다. 개발자가 자신의 로컬 PC가 아닌 개발 서버에서 테스트를 한다는 것은 본인의 개발 내용뿐만 아니라 다른 작업자의 내용까지 포함해서 점검한다는 의미가 있기 때문에, 반드시 완성되어 오류가 없다고 판단되는 코드를 테스트해야 합니다.

다음은 테스트 서버입니다. 다양한 사용자가 언제든 테스트를 할 수 있도록 만든 서버입니다. 그렇기 때문에 언제든지 정상적인 상태로 동작되도록 관리해야 합니다. 또한, 프로젝트 환경에 따라 개발 서버와 함께 병행하기도 하고, 테스트 서버와 운영 서버 사이에 스테이징 서버를 두기도 합니다. 프로젝트가 큰 경우에는 보통 스테이징 서버를 별도로 둡니다.

마지막은 운영 서버입니다. 실제 운영이 되는 서버로, <u>엄격한 테스트를 통해서 문제가 없도록 관리</u>하는 것이 운영 서버의 전부입니다.

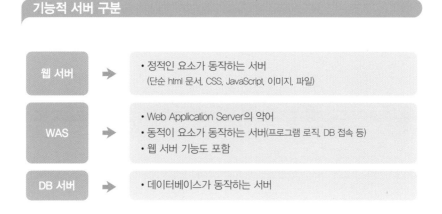

이번에는 서버를 기능적인 관점에서 구분해 보겠습니다. 서버는 기능적으로 다양하게 구성할 수 있지만, 일반적인 웹 및 앱 기반 프로젝트에서는 세 가지로 구분됩니다.

첫 번째는 웹 서버입니다. <u>정적인 요소가 동작하는 서버</u>로, 화면을 구성하는 단순 HTML이나 화면의 스타일, 이미지 파일 등 변화가 없이 정적으로 화면에 보이는 것들이 동작합니다. 여러분이 자주 듣는 아파치 서버가 웹 서버의 한 종류입니다. 이러한 웹 서버에서는 복잡한 비즈니스 로직으로 운영되는 서비스는 동작이 불가능하고, 한 번 그려진 내용이 변경 없이 보이는 단순한 소개용 홈페이지 정도는 동작 가능합니다.

두 번째는 WAS(Web Application Server)입니다. <u>계속해서 변하는 프로그램 로직과 데이터베이스에 접속해서 작업을 하는 등 동적인 요소가 동작하는 서버</u>입니다. 톰캣 서버가 WAS의 한 종류입니다. WAS는 웹 서버의 역할과 함께 동적인 기능도 포함하기 때문에, 실제 다양한 웹 시스템이 구동될 수 있습니다.

세 번째, DB 서버는 데이터베이스가 동작하는 서버입니다.

앞서 'WAS가 웹 서버의 역할도 한다고 했는데, 웹 서버 없이 WAS만 있으면 되지 않을까' 혹은 '특별한 이유나 용도로 구분하는 걸까?'라는 생각이 들기도 합니다. 그러나 실제 프로젝트 진행 시 개발자나 시스템 담당자는 하나의 프로젝트에 웹 서버와 WAS를 구분하여 설치하고 운영합니다. 이에 대한 이유는 서버 구성을 살펴보면서 자세히 설명하겠습니다.

서버의 간단 구성

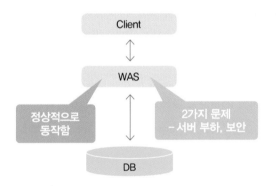

지금부터 서버의 간단한 구성부터 복잡한 구성까지 순차적으로 알아보겠습니다. 먼저 가장 단순한 구조인 DB 서버와 WAS를 한 대씩 운영하는 서버 구성입니다. 이러한 단순한 구성으로도 서버는 정상적으로 운영됩니다. DB 서버에서 데이터를 관리하고 WAS에서 웹 서버 역할까지 하기 때문에, 동적 요소와 정적 요소가 모두 정상적으로 동작합니다. 하지만 이러한 구성에는 문제가 있습니다. 바로 서버의 부하와 보안의 문제입니다.

먼저, 한 대의 서버로 모든 것들이 작동하다 보니, 사용자가 늘어나면 서버에 부담이 생깁니다. 그리고 어떠한 문제로 WAS에 이상이 생겨서 멈추기라도 하면 대책이 없습니다. 또한, 동적으로 오가는 중요한 정보가 들어 있는 WAS에 사용자가 직접 접속할 수 있기 때문에 보안상 매우 취약합니다.

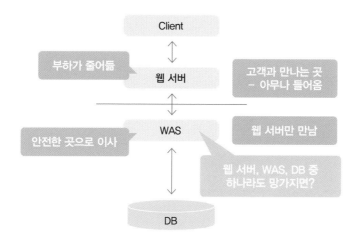

서버의 기본 구성

이러한 문제점을 극복하기 위해서 서버의 구성이 좀 더 복잡해집니다. 바로 WAS 앞쪽에 웹 서버를 두고, 웹 서버와 WAS 사이는 방화벽으로 보호하는 것입니다. 동적인 정보를 관리하는 WAS는 방화벽으로부터 보호받는 안전한 영역에서 동작하고, 이러한 정보를 포함해서 최종적으로 화면을 보여 주는 정적인 동작은 방화벽 밖에 있는 웹 서버가 진행합니다. WAS 혼자 웹 서버 역할까지 하던 시스템의 부담도 WAS와 웹 서버로 분산이 되어 조금 더 안정적인 환경이 만들어집니다. WAS만으로 동작이 가능하지만 왜 웹 서버가 별도로 필요한지 이제는 이해됐을 것이라 생각됩니다.

하지만 이러한 구성에도 여전히 문제점이 있습니다. 바로 서버가 망가졌을 때의 대책입니다. 서버는 결국 기계입니다. 기계는 아무리 잘 관리해도, 언제든지 동작에 문제가 생길 수 있습니다. 이런 서버를 1대씩만 두고 동작을 시켰을 때, DB 서버에 문제가 생기면 중요한 정보가 사라지고, 서비스가 불가능하며, WAS나 웹 서버에 문제가 생기면 그것 또한 서비스가 불가능한 상태가 됩니다.

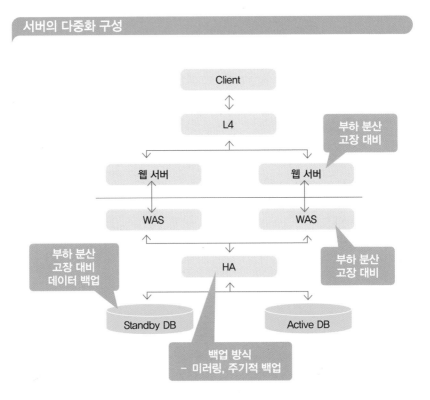

서버의 다중화 구성

단일로 구성된 서버의 위험을 해결하기 위해서 등장한 개념이 다중화입니다. 위의 그림처럼 같은 기능을 하는 서버를 여러 대 구성함으로써 각 서버에 발생하는 부하를 줄이고, 그 중 하나에 문제가 생겼을 때 다른 서버가 동작하면서 전체적인 서비스가 중단되는 것을 막는 개념입니다.

다중화는 DB 서버, WAS, 웹 서버를 최소 2대 이상 두는 구성입니다. 이렇게 하면 하나에 문제가 생겨도 다른 하나가 보조할 수 있습니다. 이때, DB 서버는 WAS나 웹 서버와는 다중화 개념이 약간 다르게 적용됩니다.

DB의 다중화는 사용자가 이용하는 프로그램의 동작을 분산하고자 하는 목적
도 있지만, 서비스 중에 발생한 데이터를 보호하는 것이 주 목적입니다. 그래서
보통 두 개의 DB 서버에 부하를 분산시키는 개념이 아니라, 하나의 DB 서버가
정상적으로 작동하고, 다른 하나의 DB 서버는 동작 중인 서버의 정보를 실시간
으로 복사하여, 운영 중인 DB 서버가 망가지더라도 그 안의 데이터를 최신화 상
태로 보호할 수 있도록 구성합니다.

이처럼 대기 중인 DB 서버가 운영 중인 DB 서버를 실시간으로 거울을 비추듯
이 복제하는 것을 [미러링]이라고 합니다. 즉, DB 서버의 이중화는 데이터의 미
러링과 동시에 액티브 상태인 DB 서버에 문제가 생기면 미러링으로 복제 중인
스탠바이 DB 서버가 바로 동작하도록 합니다. 이때 두 서버의 앞에서 이러한 관
리를 해 주는 장비가 있는데, 이 장비를 HA(High Availability) 장비라고 합니다.

Learning TIP

HA(High Availability) 장비는 DB뿐만 아니라 네트워크 및 다양한 용도로 사용되는 시스템
장비에도 사용됩니다. 업무 중 DB 관련 HA 장비에 관해 얘기할 때는, 운영 중인 DB 서
버에 문제가 생기면 대기 중인 DB 서버가 정상 작동하도록 하는 장비라고 생각하고, 그
외에 다른 부분에서 HA 얘기가 나올 때는, 시스템 성능을 위해 다른 목적으로 쓰는 장
비라고 생각합니다.

웹 서버와 WAS는 DB 서버와 달리 보관할 데이터가 따로 있지 않습니다. 그
래서 서버 부하를 분산시키거나, 서버 중 하나에 이상이 생기더라도 남은 서버
가 이를 나누어 가짐으로써 정상적으로 동작시키고자 운영됩니다. 정리하면, 시
스템의 부담을 줄이고 최악의 상황인 서비스 중단이라는 상태를 방어하는 것이
가장 큰 목적입니다.

웹 서버와 WAS 앞에서 서비스의 분산과 함께 하나의 서버가 망가지면 다른
서버로 사용자 접속이 되도록 해 주는 장비가 있는데 이것을 L4라고 합니다. L4
는 이후 네트워크 부분에서 추가로 설명하겠습니다.

다중화는 많을수록 더 좋은 성능을 내지만, H/W 비용 및 운영 관리를 고려해서 적절하게 구성할 수 있으며, 비용이 부족할 경우 DB 서버만 이중화하거나, WAS만 이중화하는 식으로 구성할 수도 있습니다.

🧑 **개발자**　　　"저희 WAS 이중화 안 해도 되나요?"

🧑 **기획자 및 관리자**　"네, 저희도 이제 해야 할 듯해요. 이중화 구성에 따른 견적을 호스팅 업체로부터 확인 부탁 드리겠습니다."

💡 (TIP) 단일 서버에 문제가 생겼을 경우를 대비하기 위한 문의입니다. 비용과 성능을 고려한 이중화 협의를 개발 팀장 혹은 리더와 진행하여 회사의 상황에 맞는 이중화 구성을 합니다. 기본적으로 DB 서버 이중화를 최우선하기를 추천합니다.

Learning TIP

웹 서버와 WAS의 다중화는 장비 고장 및 부하 분산의 목적을 가지지만, DB 서버는 데이터의 백업 목적이 더 강합니다.

　서버를 이용하는 방법은 크게 IDC와 호스팅 업체로 나뉩니다. 먼저, IDC는 Internet Data Center의 약어로, 서버를 모아서 관리하는 센터입니다. 기업이 큰 경우라면 자사의 서비스를 위해 별도의 IDC를 보유하며 내부적으로 서버 관리를 합니다.

　비용의 문제로 별도의 IDC를 보유하기 어려운 경우, 호스팅 업체를 통해 서비스 이용료를 내고 서버를 이용할 수 있습니다. 호스팅 업체는 큰 IDC를 만들어서 일반 회사에게서 돈을 받고 대신 서버를 구입하거나 임대하여 이를 관리해 주는 서비스를 제공합니다. 규모가 작은 회사나 개인이 많이 사용하는 방식입니다. 호스팅 업체를 보다 효과적으로 이용하기 위한 몇 가지 방식이 있습니다.

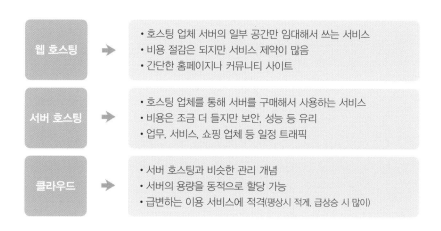

　첫 번째, 웹 호스팅 방식입니다. 집으로 비교하자면, 한 집에 여러 명이 같이 사는 하숙으로 볼 수 있습니다. 호스팅 업체 서버의 일부 공간만을 임대해서 쓰는 서비스로, 비용은 절감되지만 당연히 여러 업체가 하나의 서버를 나눠 쓰다 보니 서비스 사용에 제약이 많습니다. 보통 간단한 홈페이지나 개인 또는 그룹의 커뮤니티 사이트 등이 이러한 방식을 이용합니다.

　두 번째, 서버 호스팅 방식입니다. 집으로 비교하자면 월세나 전세라고 볼 수 있습니다. 호스팅 업체를 통해 서버를 구매한 후 관리를 맡기거나, 월 비용을 내면서 임대해서 사용하는 방식입니다. 웹 호스팅에 비해 비용이 좀 더 들지만 보안이나 성능 면에서는 유리합니다. 작은 규모의 회사의 업무나 서비스, 쇼핑몰 업체 등에서 많이 사용하는 방식입니다.

세 번째, 클라우드 서비스입니다. 기본 개념은 서버 호스팅과 같습니다. 월 비용을 내고 서버를 사용하는 것입니다. 하지만 기술적인 차이가 있는데, 물리적인 서버 한두 대를 사용하는 개념이 아니라, 많은 서버를 미리 구성해 놓고 여기에 소프트웨어 기술을 이용해서 서버의 용량을 동적으로 할당하는 서비스입니다. 기본적인 유지 비용은 비싸지만, 평상시에 일정량만 사용하다가 특정 시기에 사용량이 급증하는 서비스에 유리한 방식입니다.

 개발자   "서버 호스팅 방식으로 준비할까요? 클라우드로 할까요?"

 기획자 및 관리자   "아직 비용이 넉넉하지 않고 서비스 이용량이 일정하니, 일단은 서버 호스팅 방식으로 진행하고, 향후 클라우드 전환을 고려해서 준비하는 게 좋을 것 같아요."

 최근에는 클라우드 방식이 가장 선호되고 있지만, 비용을 고려해서 적절한 수준의 서비스를 선택하는 것이 좋습니다. 단, 일반 서버 호스팅 방식에서 클라우드로의 전환은 단순한 H/W 시스템 전환 이상으로 사전에 준비해야 할 일들이 있으므로, 이와 관련해서는 개발 리더와 미리 협의해야 합니다.

Learning TIP

클라우드 서비스는 서버를 이용하는 개념에서 탄생했지만, 기술 발전을 통해서 아마존의 AWS, MS의 애저 같은 클라우드 서비스 강자가 서버 임대 개념과 함께 개발을 위한 서비스를 제공하는 형태로 발전해 나가고 있습니다. 즉, AWS 같은 클라우드 서버를 사용하면, 서버 용량을 동적으로 할당받고 쓸 수 있을 뿐만 아니라, 다양한 서비스를 유료로 함께 지원하기 때문에 개발까지 유리하게 해 주는 이점을 가지고 있습니다.

서버 구성 가이드

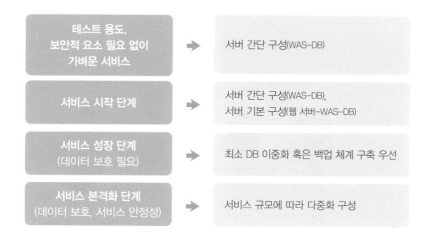

테스트 용도, 보안적 요소 필요 없이 가벼운 서비스	서버 간단 구성(WAS–DB)
서비스 시작 단계	서버 간단 구성(WAS–DB), 서버 기본 구성(웹 서버–WAS–DB)
서비스 성장 단계 (데이터 보호 필요)	최소 DB 이중화 혹은 백업 체계 구축 우선
서비스 본격화 단계 (데이터 보호, 서비스 안정성)	서비스 규모에 따라 다중화 구성

마지막으로, 새로운 개발 서비스를 구상할 때, 서버를 구성하는 간단한 단계별 가이드입니다. 시스템 팀에서 직접 가이드를 하는 대기업 기준이 아닌, 작은 규모의 회사 혹은 스타트업에서 새로 서비스를 준비하는 상황을 기준으로 설명하겠습니다.

먼저 테스트 단계나 테스트 용도로 서버를 준비할 때는 WAS–DB로 간단하게 구성을 합니다. 실제 서비스가 아니라서 서비스 중단이나 보안에 대한 우려가 없기 때문입니다. 그리고 서비스를 시작할 때는 기본적인 보안을 위해서 웹 서버–WAS–DB 구성을 합니다. 그러다가 서비스가 점점 발전해서 사용자가 늘어나면, 이중화 이상의 다중화 작업을 합니다. 이때 가장 먼저 DB 서버를 이중화할 것을 추천합니다. 상황에 따라 WAS나 웹 서버를 먼저 다중화하는 경우도 있는데, DB 서버 이중화를 먼저 추천하는 것은 서비스가 중단되었을 때 서비스 재개는 사용자에게 사과하고 보완해서 다시 할 수 있지만, 한번 날아가 버린 데이터는 절대로 돌아오지 않기 때문입니다. 그리고 서비스가 본격화되면서 사용자가 늘어나고 자금의 여유가 생기면 안정적인 다중화 서비스를 구성합니다.

네트워크 구성 및 동작 원리

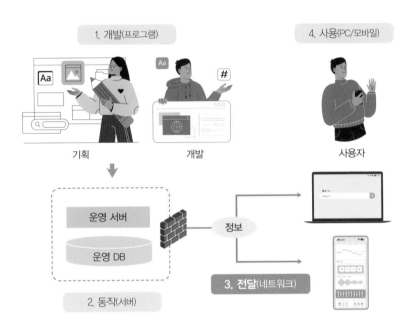

이번 절은 네트워크에 대한 설명입니다. 네트워크 구성 및 동작 원리 등 필수 지식에 대해서 알아보겠습니다.

IP의 기본 개념

네트워크를 공부할 때 반드시 알아야 하는 것이 바로 IP입니다. IP라는 단어는 기본적으로 알고 있을 것입니다. IP에 대한 사전적 정의를 보면 [인터넷 프로토콜(Internet Protocol)의 약어로, 인터넷이 통하는 네트워크에서 어떤 정보를 수신하고 송신하는 통신에 대한 규약]이라고 되어 있는데, 간단하게 컴퓨터, 서버, 네트워크 장비가 네트워크를 이용하려면 주소 정보를 가지고 있어야 하며, IP는 그 주소 역할을 하는 것이라고 이해할 수 있습니다.

IP는 주소의 역할과 더불어 중요한 역할이 하나 더 있는데, 바로 ID의 역할입니다. 보안에서 방화벽을 설정할 때, IP를 보고 내부로 들여 보낼지 말지를 판단한다고 얘기했었는데, 이처럼 IP는 주소 역할과 함께 보안 출입을 위한 ID 역할도 한다는 것을 꼭 기억하길 바랍니다.

• **Public IP vs Private IP**

IP의 개념은 대체로 잘 아는데, Public IP와 Private IP의 차이는 모르는 경우가 많습니다. 이 개념은 명확하게 알아 두는 것이 좋습니다. 그 이유는 개발자가 서버나 장비의 접속에 관해 얘기할 때 두 개의 IP 개념을 명확히 구분해서 사용하는데, 여러분은 이 개념을 구분하지 못해서 대화의 어려움을 겪는 경우가 많기 때문입니다.

Public IP는 [공인 IP] 혹은 [외부 IP]라고 하는데, 외부에서 나를 찾는 주소로, 통신사가 집이나 회사에 인터넷이 연결되도록 만들어 주는 회선에 부여된 주소입니다.

Private IP는 [사설 IP] 혹은 [내부 IP]라고 하는데 내부에서 나를 찾는 주소입니다. 외부에서 우리 집에 인터넷을 연결하고, 집안에서는 하나의 인터넷 회선으로 여러 컴퓨터에서 인터넷을 쓸 수 있도록 하는 스위치 기능이 포함된 모뎀을 연결해 주는데, 선이 하나 들어오면 분배기를 통해서 안방에서도, 거실에서도 인터넷을 쓰게 되는 구조입니다. 이렇게 집안에서 분배되는 경우 내부에 있는 장비, 즉 컴퓨터끼리 서로를 확인할 수 있는 IP 주소입니다.

실생활에 비유해 보겠습니다. Public IP는 [집주소]와 같습니다. 외부의 누군가에게 말하면 찾아올 수 있는 주소입니다. Private IP는 [우리 집안 내의 위치 정보]입니다. 예를 들면 안방 같은 것입니다. 택배 주문을 할 때 Public IP가 되는 [가나동 12번지]와 같은 집주소를 쓰면 문제 없이 배달되지만, 택배 주소지에 Private IP가 되는 [우리 집 안방]이라고 주소를 적으면 절대로 택배를 받을 수 없습니다.

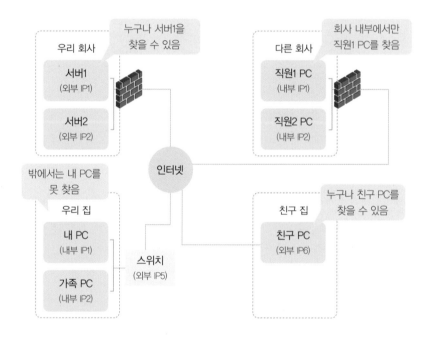

위의 그림을 보면 조금 복잡해 보이지만, 실제로 우리 주변에는 그림과 같이 인터넷이 구성되어 있습니다. 인터넷을 쓰기 위해서는 최소 1개의 외부 인터넷 Public IP가 연결되어 있어야 합니다. 그리고 그 안에 Private IP가 분배되어 있습니다. 그림의 모든 서버나 PC는 외부 IP 장비에는 접속이 가능하고, 내부 IP 장비에는 접속이 불가능합니다. 반면에, 내부에 있는 장비 간에는 서로의 위치를 찾고 접속하는 게 가능합니다.

Public IP와 Private IP의 차이를 모르면, 프로젝트 중 다음과 같이 개발자와 대화하는 데 어려움을 겪을 수 있습니다. 프로젝트 마무리 기간에, 기획자가 서비스를 준비하는 서버에 자신의 사무실에서 접속해서 최종 테스트를 하고 있었습니다. 그런데 개발자가 이렇게 말합니다. "기획자 님, 저희 서버가 아직 외부에 회선 개통을 하지 않아서, 서비스를 오픈하려면 회선을 개통해야 합니다." 그런데 기획자는 이상합니다. 지금도 자기는 그 서버에 접속해 있고 정상적으로 화면이 보이기 때문입니다. 이는 서버와 본인의 PC가 같은 내부에 있어서, 본인이 내부 IP로 접속하고 있기 때문입니다. 외부 IP 개념이 없으면 외부에서 접속이 가능한 IP 회선을 부여받거나 방화벽 오픈을 해야 한다는 말에 어리둥절하거나 대비를 못해서 문제가 생기곤 합니다. 상황은 다를 수 있지만 이와 유사한 경우가 많으니 꼭 기억하길 바랍니다.

마지막으로 Public IP와 Private IP를 구분하는 간단한 방법을 소개합니다.

사무실에서 인터넷 포털에 접속해서 [내아이피]를 검색하면, 그림에서 보는 것처럼 여러분의 외부 IP가 나옵니다. 이것을 같은 사무실에 있는 다른 직원들 컴퓨터에서 해 보면, 모든 컴퓨터에 동일한 주소가 나오는 것을 확인할 수 있습니다. 이것이 바로 여러분의 회사가 통신사에서 개통한 근본 인터넷 라인의 주소입니다. Private IP는 윈도의 커맨드 창에서 [ipconfig]라는 명령을 실행해 보면, 그림에서 보는 바와 같은 정보가 나옵니다. 이게 바로 내부 IP입니다.

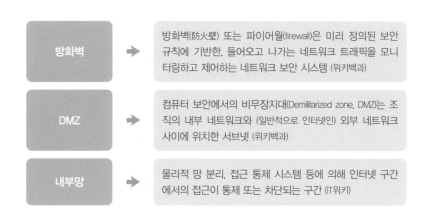

네트워크 구조에서 반드시 알아야 할 개념이 방화벽, DMZ, 내부망입니다. 위의 그림은 방화벽, DMZ, 내부망에 대한 사전적 의미입니다. 읽어 보면 알겠지만, 비전공자 입장에서는 이해하기 어렵습니다. 설명 내에 비전공자가 모르는 IT 용어가 많아서 읽으면 읽을수록 어렵게 느껴집니다. 그런데 이 개념은 네트워크 구조를 아는 데 정말 중요한 내용이라 정확하게 꼭 알아야 합니다.

명확한 이해를 위해 이번에는 조선시대 성의 구조에 비유해서 설명해 보겠습니다. 설명을 다 읽고 나면, 정말 비슷한 구조를 가지고 있음을 알 수 있습니다.

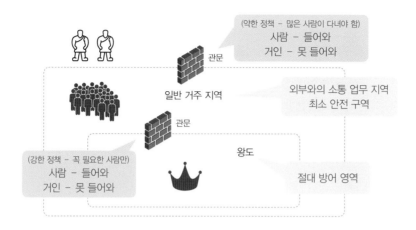

조선시대에 왕과 백성들이 살고 있었습니다. 너무 평화롭고 행복했습니다. 그런데 어느 날, 외부의 적이 쳐들어오기 시작합니다. 안전했던 왕과 백성들은 위협을 느끼면서, 자신들을 보호하기 위해서 높은 성벽을 세우기 시작합니다. 그렇게 성벽을 세우고 나니, 이번엔 다른 문제가 생겼습니다. 적이 못 들어오는 동시에 우리도 밖에 나갈 수가 없는 것입니다. 소중한 많은 자원들이 있는 성벽 밖으로 나가지 못한다는 것은 큰 문제가 됩니다. 그래서 성벽 중 특정 위치에 문을 만듭니다. 이를 [관문]이라고 부릅니다. 그리고 이 [관문]에 지킴이를 두고, 적군은 들어오지 못하게 하고 우리 편은 출입할 수 있게 합니다.

그런데 적이 점점 강해져서 성벽 하나만으로는 불안해 보입니다. 그래서 가장 중요한 왕을 보호하기 위해 내부에 성벽을 하나 더 설치합니다. 그리고 내부 성벽에도 [관문]을 두는데, 이 [관문]은 밖에 있는 [관문]보다 더 철저하게 관리합니다. 오직 왕의 측근만 들어올 수 있습니다.

이렇게 밖에 있는 성벽 안쪽을 최소한 안전이 보장되며 외부와 소통하면서 업무를 볼 수 있는 지역으로 만들고 이를 [일반인 거주 지역]이라고 부르고, 왕이 사는 가장 안쪽 지역은 절대 방어가 가능한 영역으로 만들고 이를 [왕도]라고 부릅니다.

그럼 이제 [조선 시대 성]과 동일한 구조를 가진 [네트워크] 구조를 확인해 보겠습니다.

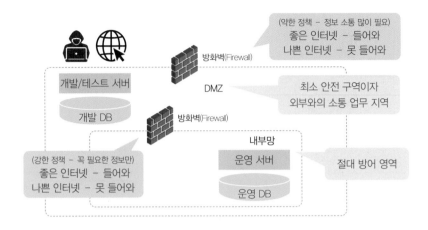

최초에 운영 서버와 개발/테스트 서버를 만들고 자유롭게 인터넷으로 소통하면서 서비스를 제공했습니다. 그런데 어느 날, 해킹과 같은 나쁜 짓을 하는 적이 나타납니다. 그래서 이러한 나쁜 것들로부터 우리 서버를 보호하기 위해서 장벽과 함께 문을 만듭니다. 이 문은 나쁜 인터넷은 들어오지 못하게 하고, 좋은 인터넷만 들어오게 합니다. 이것을 한글로는 [방화벽], 영어로는 [Firewall]이라고 합니다.

그런데 나쁜 적이 점점 강해지면서, 운영 서버는 더 불안해집니다. 운영 서버는 사용자의 개인정보 같이 중요한 정보를 보관하고 있는데, 적에게 노출되면 큰일이기 때문입니다. 그래서 방화벽 내부에 [방화벽]을 하나 더 설치합니다. 그리고 이 내부에 있는 방화벽은 외부인은 절대 들어오지 못하게 하고, 외부 방화벽 안쪽에 있는 믿을 만한 서버만 들어오게 합니다.

외부 방화벽 안쪽은 최소한의 안전이 보호되는 구역으로, 외부와 소통이 되는 업무를 하며, 이를 [DMZ]라고 부릅니다. 그리고 이중으로 된 방화벽 안쪽은 절대적인 방어가 가능한 지역으로 만들고 [내부망]이라고 부릅니다.

설명한 바와 같이 조선시대 성의 구조와 완전히 똑같지 않나요? [관문=방화벽], [일반 거주 지역=DMZ], [왕도=내부망]으로 이해하면, 그 목적과 구조를 정확히 이해할 수 있습니다. 대부분의 네트워크 구성도는 위 그림의 구조를 크게 벗어나지 않습니다.

개발자　　　"이번에 저희 서비스 연계하려는데, 저쪽에서 방화벽을 오픈해 줘야 합니다."

기획자 및 관리자　"네. 그럼 제가 오픈 가능한지 확인해 볼게요. 그전에 방화벽 오픈을 위한 정보를 저한테 전달해 주세요."

(TIP) 방화벽 오픈을 해야 하는 상황이며, 방화벽 오픈을 위해서 개발자는 연결되는 서버의 IP 및 PORT 정보를 준비해야 합니다.

• L4

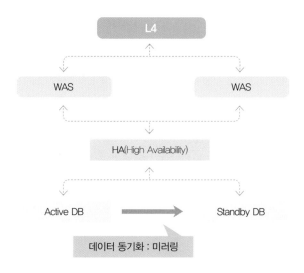

네트워크 장비와 관련해서 서버 외에 많이 등장하는 용어가 바로 [L4] 혹은 [L4 장비] 입니다. 위의 그림이 익숙하지 않나요? 이전에 서버의 이중화 설명에서 사용했던 그림입니다. 주목해서 볼 것은 L4의 위치와 L4와 서버 간에 연결된 선의 모양입니다.

L4는 [로드 밸런싱]과 [세션 클러스터링] 역할을 하는 장비인데, 용어가 어렵습니다. 쉽게 설명해 보겠습니다. 위의 그림을 보면 L4에 이중화된 WAS가 연

결되어 있습니다. 외부에서 고객이 서비스를 이용하려면 WAS 서버에 접속해야 하는데, 각각의 서버에 직접 접속하는 것이 아니라 L4에 접속하면, L4는 2개의 WAS 중 하나에 고객을 연결해 주는 형태입니다.

좀 더 구체적인 예제로 살펴봅시다. 수많은 사람들이 네이버 같은 웹 사이트에 접속을 합니다. 웹 사이트는 수많은 사람들이 이상 없이 접속할 수 있도록 다중화 구조를 가집니다. 그런데 웹 서버가 여러 개라고 해서 네이버에 접속할 때 [네이버 1번 서버], [네이버 2번 서버]와 같이 서버를 선택해서 접속하지 않습니다. 단지 네이버에 접속을 하면 [어떤 장비]가 그 접속을 받고, 다중화된 수많은 서버 중 부하가 적은 서버로 연결을 해 줘서 여러분이 편하게 서비스를 즐길 수 있는 것입니다. 이때 [어떤 장비]로 표현된 장비가 [L4]이고 [부하가 적은 서버로 연결]해 주는 것을 [로드 밸런싱]이라고 합니다.

즉, [L4]는 다중화된 서버 구조에서 사용자의 연결을 받고, 다중화 서버 중 부하가 적은 서버를 찾아서 적절하게 분배 및 연결해 주는 장비입니다. 그리고 이렇게 다중화된 서버 중 부하가 적은, 즉 일을 적게 해서 여유가 있는 서버를 찾아서 부하(로드)를 균형 있게(밸런싱) 연결하는 것을 [로드 밸런싱]이라고 합니다.

세션 클러스터링은 로드 밸런싱을 할 때 연결 정보를 관리하는 방식인데, 내용이 복잡한 데다 반드시 알아야 할 개념은 아닙니다. 혹시 세션 클러스터링이라는 단어를 들으면, L4에서 로드 밸런싱을 할 때 정보를 잃어버리지 않게 관리해 주는 것이라고 이해하면 됩니다.

• L4 로드 밸런싱 기법

필수는 아니지만, L4의 로드 밸런싱 기법이 몇 가지 있는데, 상식 차원에서 가볍게 보겠습니다.

Round Robin은 [순차적으로]라는 뜻입니다. 사용자가 서버에 접속할 때 이번에는 1번 서버, 다음에는 2번 서버라는 식으로 순차적으로 접속을 분배하는 것입니다. 얼핏 생각하면 가장 공평하고 좋은 로드 밸런싱 기법으로 보이지만, 함정이 있습니다. 장사가 잘되는 식당에 큰 방이 두 개 있을 때, 들어오는 손님을 조절하기 위해서 이번에는 1번 방, 다음은 2번 방으로 손님을 보내면 어떻게 될까요? 혹시 운이 나빠서 1번 방 손님은 빨리 밥을 먹고 가고, 2번 방은 유독 식사를 늦게 하는 사람만 있다면, 특정 방에 손님이 몰리는 상황이 나올 수 있습니다. 그래서 아래의 추가 방법이 나옵니다.

Least Connection은 [커넥션이 작은 것부터]라는 뜻인데, 위의 예제로 보면 밥 먹는 손님이 적은 방으로 먼저 안내하라는 개념입니다.

Fastest Response Time은 [응답이 빠른 것부터]라는 뜻인데, 직원에게 1번 방과 2번 방의 일을 시킬 때, 직원의 반응이 더 빠른 쪽이 더 여유 있다고 생각하여 그 방부터 손님을 보내는 방식입니다.

Source Hash Scheduling은 [사용자 IP에 따라]라는 뜻인데, A동 손님은 1번 방, B동 손님은 2번 방으로 보내는 방식입니다.

로드 밸런싱 기법은 참고 정도만 해도 됩니다. 다만, 서비스의 부하나 부하를 해결하는 콘셉트는 기억해 두면 여러 부분에서 많은 도움이 될 수 있으니 참고 바랍니다.

• L4 이름에 대해서

네트워크 장비 중 스위치, 라우터 등의 장비에 비해 L4는 낯선 이름입니다. 왜 L4라고 부를까요?

OSI 7 Layer라는 개념이 있습니다. 자신이 만든 웹 프로그램을 사용자가 볼 수 있도록 하기 위해서는 네트워크상에서 다양한 단계를 거쳐야 하는데, 이 단계를 정리해 놓은 것입니다. 비전공자 여러분은 실무에서 거의 들을 일이 없으므로 기억하지 않아도 괜찮습니다. 대략 OSI 7 Layer라는 것이 있다고만 이해하면 됩니다.

이 OSI 7 Layer의 단계는 L1, L2, L3, L4 등으로 불립니다. 이때 L1부터 L4까지는 물리적인 영역으로 H/W 장비가 동작하는데, 단계별 장비 이름을 L1 장비, L2 장비 등으로 부릅니다. L4는 4단계의 역할을 하는 장비이기 때문에 이렇게 부르는 것이며, L1, L2 장비는 스위치, 라우터라는 별도의 이름을 붙이는데, L4만 별도의 이름 없이 L4 장비라고 부릅니다.

전용선 vs VPN

보안에서 전용선과 VPN에 대해 간단하게 개념만 언급했는데, 네트워크 입장에서 좀 더 자세히 알아보겠습니다. 전용선과 VPN은 프로젝트 진행 중 중요한 의사 결정 혹은 시스템 구축을 위한 환경 구성 시 많이 등장하는 개념이므로 확실히 이해하여야 합니다.

내부에 있는 정보를 서비스하기 위해 외부로 정보가 이동하면서 언제든 정보가 강탈당할 수 있습니다. 이런 강탈을 방지하기 위한 가장 좋은 방법은 정보를 주고받는 주체가 모두 내부망 안에 있는 것입니다. 즉, 외부로 이동하는 구간 자체를 없애는 것입니다. 하지만 대부분 서비스를 제공하는 쪽은 내부망에 있지만 받는 쪽은 외부에 있기 때문에 이는 불가능합니다.

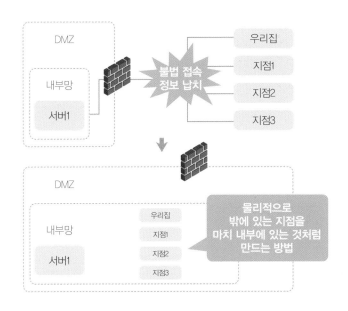

그래서 나온 개념이 전용선과 VPN입니다. 물리적으로 내부로 옮기지는 못하지만, 그것과 비슷한 효과를 내는 방법입니다. 즉, 위쪽 그림 상단의 상황을 어떤 기술을 써서 하단과 같은 효과를 내도록 하는 것입니다.

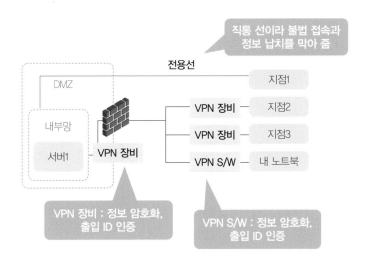

전용선은 위 그림과 같이 서버와 지점, 즉 서비스를 받는 양측에 물리적인 전

용선을 개통하는 방식입니다. 그러면 위치는 외부이지만, 실제로는 물리적으로 같은 내부망 안에 있는 것과 동일한 상황을 만들어 냅니다. 영화에서 보는 왕국으로 통하는 비밀통로와 같은 개념입니다.

VPN은 H/W 장비 혹은 S/W를 통해서 정보를 주고받는 양끝에 감시자를 둡니다. 그래서 정보가 나오거나 들어올 때, 정상적인 출입을 하는 정보에 출입증을 붙이고, 도착지에서는 그 출입증을 확인하고 들여보냅니다. 그러면 외부에서 쉽게 중간에 들어올 수 없습니다. 그리고 해당 정보를 본인들만 해석할 수 있게 해서 혹시 중간에 정보를 빼앗기더라도 마치 안 빼앗긴 것처럼 문제가 없게 합니다.

> **개발자** "이번에 오픈하는 시스템을 지점과 연결하려면 보안을 위해서 전용선과 VPN 중 하나를 써야 하는데 어떻게 할까요?"
>
> **기획자 및 관리자** "전용선은 비용과 시간이 너무 많이 들어서, VPN을 사용하는 것이 좋을 것 같습니다."
>
> **TIP** 보안을 위해서 전용선이나 VPN을 선택해야 하는 상황입니다. 시스템을 오픈하는 시기, 비용의 문제, 보안의 중요성 등을 고려해서, 중요도가 높을 때는 전용선을, 비용과 시기를 고려해야 할 때는 VPN을 선택합니다.

Learning TIP

전용선은 효과는 좋지만, 비용이 많이 들고 관리하기 힘듭니다. 반면, VPN은 상대적으로 비용이 적게 들고 편하지만, 안전성은 조금 떨어집니다. 그래서 IT 현장에서는 상황과 환경에 따라서 전용선과 VPN을 적절히 사용하고 있습니다. 금융권과 같이 중요한 정보를 다루는 곳에서는 전용선을 많이 사용하고 있으며, 일반 기업에서 본사와 지점의 연결은 VPN을 많이 사용합니다.

PC의 기본 동작 원리 및 오류 대응 방법

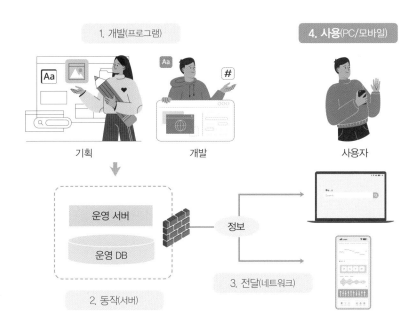

이번 절은 PC의 동작 원리 대한 설명입니다. PC의 기본 구조와 PC에서 프로그램이 동작하는 구조를 자세히 살펴봅니다. 프로그램이 H/W 위에서 동작하는 기본 원리를 잘 이해하여, 프로그램 설치 및 운영 시 발생하는 다양한 문제를 해결하는 개념을 잡는 것이 목적입니다.

먼저 PC를 구성하는 주요 3요소(CPU, 디스크, 메모리)를 설명하고, 그 위에서 동작하는 프로그램의 구조, 앱과 웹의 동작 구조를 알아본 뒤, 마지막으로 이 설명을 토대로 PC나 모바일 환경에서 발생하는 다양한 오류 사례와 이에 따른 대응 방안을 설명하겠습니다.

	PC	집
메인보드 ➡	PC 부품 연결	집 구조
디스크 ➡	프로그램 저장 공간	창고
메모리 ➡	프로그램 활동 공간	거실
CPU ➡	프로그램 수행자	사람

PC를 구성하는 요소에는 전체 부품을 연결하는 메인보드부터 그래픽과 소리를 처리해 주는 그래픽카드, 사운드카드 등 다양한 장비가 있습니다. 이러한 다양한 장비 중 PC 장비의 주요 구성 요소인 디스크, 메모리, CPU의 기능과 이 장비가 프로그램 실행 속도에 미치는 영향을 알아보겠습니다.

우선 제일 기본이 되는 것은 메인보드입니다. 메인보드는 PC를 구성하는 다양한 부품을 연결하는 보드입니다. 집으로 보자면, 집의 구조 혹은 집의 터와 같은 역할입니다. 그 위에 PC의 3요소가 올라갑니다.

첫 번째 하드 디스크는 프로그램의 저장 공간으로, 현실 세계의 집으로 보자면 창고의 역할입니다. 두 번째 메모리는 프로그램의 활동 공간으로, 집으로 보자면 사람들이 생활하는 거실입니다. 세 번째 CPU는 프로그램의 수행자로, 집으로 보자면 사람과 같은 것입니다.

이러한 PC의 주요 구성 요소가 속도에 미치는 영향을 쉽게 이해하기 위해서, 먼저 현실 세계의 예를 살펴보겠습니다.

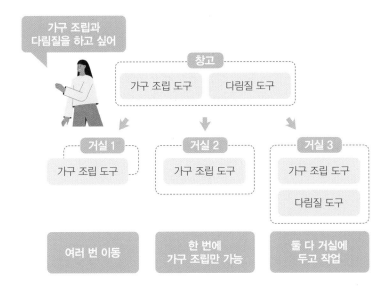

가구 조립과 다림질을 하고 싶어

창고
가구 조립 도구   다림질 도구

거실 1
가구 조립 도구

거실 2
가구 조립 도구

거실 3
가구 조립 도구

다림질 도구

여러 번 이동

한 번에
가구 조립만 가능

둘 다 거실에
두고 작업

위의 그림을 보면 세 개의 집에 창고와 거실, 사람이 있습니다. 세 집 모두 창고의 크기는 동일한데, 각 집의 거실의 크기가 다릅니다. 그리고 한 사람이 이 세 집에서 다림질과 가구 조립을 하는 체험을 한다고 가정하겠습니다. 모든 집의 창고에는 가구 조립을 위한 재료와 도구, 다림질 도구가 있습니다.

첫 번째 집입니다. 거실이 너무 좁아서 가구를 조립할 모든 재료와 도구를 거실에 둘 수 없습니다. 가구 조립을 할 때, 몇 번이고 재료와 도구를 창고에서 왔다갔다 옮겨 가며 일을 해야 합니다. 이런 힘든 과정을 거쳐 가구 조립이 다 끝난 후에야 다림질을 할 수 있습니다.

두 번째 집을 보겠습니다. 여기는 가구를 조립할 재료와 도구를 모두 한꺼번에 거실에 둘 수 있습니다. 하지만 다림질 도구까지는 함께 둘 수 없습니다. 이 경우, 가구 조립을 다 마칠 때까지는 거실에서 계속 일에 집중할 수 있으므로 당연히 첫 번째 집보다는 조립 속도가 빠릅니다. 하지만 가구 조립 중 본드칠 등 1~2시간 동안 기다려야 하는 공정이 있다면, 그 공정이 끝날 때까지 기다려야 합니다. 좀더 시간을 아끼고 싶다면 조립 중인 가구 재료 및 도구를 다 창고로 옮기고, 다림질 세트를 거실로 가져와서 다림질을 한 후, 다시 다림질이 끝나면 다림질 세트를 창고에 옮기고, 아까 조립 중이던 가구 조립 세트를 다시 거실로 가져와서 일을 해야 합니다. 한 번에 하나의 작업을 하는 데는 문제가 없지만, 여러 작업을 동시에 하려면 불편한 환경입니다.

마지막은 거실이 충분히 넓은 집입니다. 가구 조립 도구와 다림질 도구를 모두 거실에 두고 작업할 수 있습니다. 가구 조립을 하다가 본드칠과 같이 대기하는 시간이 생기면 바로 다림질을 할 수 있고, 본드가 마르면 다림질을 멈추고 바로 다음 조립을 할 수 있으며, 또 조립 중 대기해야 하는 공정이 생기면, 즉시 다림질을 다시 하며 일을 할 수 있습니다. 두 번째 방법보다 훨씬 효율적입니다. 세 가지 케이스 중에서 일을 가장 빨리 할 수 있습니다.

지금 상황을 요소별로 좀 더 세세히 분석하면 다음과 같습니다.

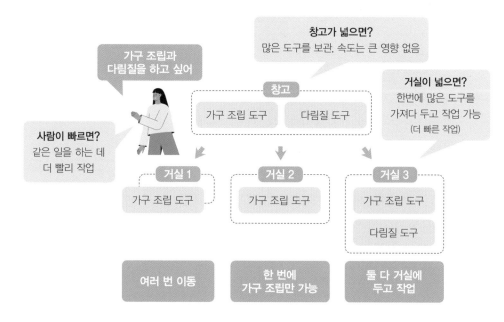

첫 번째는 창고입니다. 이번 예시에서는 창고가 가구 조립과 다림질 세트를 넣을 만큼 넓다는 전제를 했습니다. 하지만 창고가 너무 좁아서 다림질 도구를 창고에 미리 보관할 수 없다면, 가구 조립은 가능하지만 다림질 도구는 보관되어 있지 않아서 아예 다림질을 할 수가 없습니다. 반대로 창고가 넓으면 가구 조립 도구나 다림질 도구뿐만 아니라 더 많은 일을 할 수 있는 도구를 미리 쌓아 두고 필요할 때 찾아서 일을 할 수 있습니다. 하지만 창고가 넓다고 해서 일을 처리하는 속도에 직접적인 영향을 주지는 못합니다. 즉, 창고는 일을 할 수 있는 도구를 보관하므로 일 처리 가능 여부를 결정하지만, 속도에는 큰 영향을 주지 못합니다.

두 번째는 거실입니다. 거실은 창고와 같은 공간의 개념이지만, 적재 공간의 개념이 아닌 활동 공간의 개념입니다. 그래서 거실이 넓어질수록 많은 것들을 놓아 두고, 여러 가지 일들을 동시에 빨리 처리할 수 있는 효율성을 가집니다. 즉, 거실의 크기는 작업 속도에 직접적인 영향을 미치는 구성 요소입니다.

세 번째는 사람입니다. 사람은 작업 속도에 가장 큰 영향을 미치는 요인입니다. 위의 예시에서는 같은 사람이라고 전제했지만 같은 창고, 같은 거실에서 일을 할지라도 업무 속도가 빠른 사람은 빨리 일하고, 느린 사람은 느리게 일할 수밖에 없습니다.

이 개념을 그대로 PC의 구성 요소에 접복시키면, 창고는 하드 디스크, 거실은 메모리, 사람은 CPU가 됩니다.

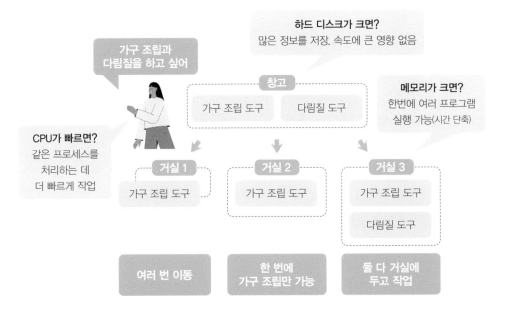

첫 번째는 창고와 같은 하드 디스크입니다. 하드 디스크는 실행할 프로그램을 설치하는 공간입니다. 하드 디스크가 클수록 더 많은 프로그램을 설치할 수 있고, 작으면 더 적은 프로그램을 설치할 수 있습니다. 즉, 내가 사용하고 싶은 프로그램의 설치 가능 여부의 문제이지, 속도에 직접적인 영향을 주는 구성 요소는 아닙니다.

두 번째는 거실과 같은 메모리입니다. 당연히 속도에 큰 영향을 미치는 구성 요소입니다. 메모리 공간이 클 경우, 하드 디스크에 설치된 프로그램을 메모리에 동시에 여러 개 올려 놓고 동작시킬 수 있습니다. 하지만 메모리 공간이 작을 경우, 하드 디스크에 설치된 프로그램을 메모리에 올려 놓고 동작시키다가 다른 프로그램을 이용해야 할 때는, 기존의 메모리에 있던 프로그램을 비우고 하드 디스크로부터 다른 프로그램을 다시 메모리로 이동시켜야 합니다. 당연히 메모리가 클수록 속도가 빨라집니다. 그리고 이후에 설명하겠지만, 하드 디스크에서 메모리로 프로그램을 옮기는 데 시간을 많이 단축할 수 있습니다.

세 번째는 사람과 같은 CPU입니다. 당연히 CPU가 빠를수록 속도가 빠릅니다. 프로그램에서 필요로 하는 다양한 계산과 처리를 CPU가 해 주기 때문입니다.

시스템을 개발하고 오픈하였는데, 프로그램 개발의 문제가 아닌 물리 서버의 성능이 떨어져서 속도가 많이 느려지는 경우가 종종 있습니다. 이때 서버의 처리 속도를 향상하기 위해서 어떻게 해야 할까요? 처리 속도에 영향을 주는 장비를 업그레이드해야 합니다. 이때 CPU는 사람과 같은 존재라서 한번 조립된 서버에서는 교체하기가 쉽지 않습니다. 집의 효율이 낮다고 사람을 바꿀 수는 없는 것과 비슷하다고 볼 수 있습니다. 그러면 남은 것은 메모리입니다. 따라서 서버의 성능을 높이기 위해서는 대부분의 경우 메모리를 증설합니다. 실제로 서버나 PC의 메인보드는 이러한 메모리 증가를 통한 속도 향상을 고려하여, 메인보드에 메모리를 간단하게 추가하거나 교체할 수 있도록 되어 있습니다.

👤 개발자	"길동 씨 하드 디스크는 큰데, 메모리랑 CPU 성능이 약한 거 같아요."
👤 기획자 및 관리자	(아! 길동 씨는 아는 지식은 많은데, 그 지식을 찾아서 활용하는 속도가 느리구나.)

💬 TIP 정보를 저장하는 하드 디스크가 크다는 것은 아는 것이 많다는 의미이며, 메모리와 CPU 성능이 약하다는 것은 저장된 정보를 꺼내어 활용하는 부분의 역량이 부족하다는 의미입니다. 개발자가 가진 사고를 이해하는 것이 중요합니다.

컴퓨터 프로그램 수행 과정

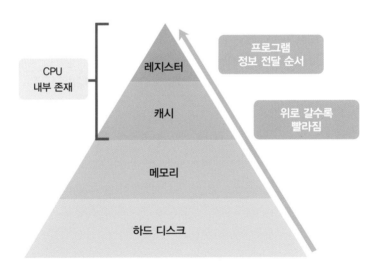

프로그램은 설치된 후 CPU가 처리하기까지 몇 번의 이동 과정을 거칩니다. 현실 세계에서 공구를 조립할 때 창고에서 거실로, 거실에서 작업 테이블 위로, 테이블에서 작업대 위로 올리는 과정이라고 볼 수 있습니다. 이것을 컴퓨터가 하는 순서대로 보겠습니다.

먼저, 하드 디스크에 프로그램을 설치합니다. 이용할 프로그램은 반드시 하드 디스크에 설치되어 있어야 합니다. 다음으로 하드 디스크의 프로그램이 활동 공간인 메모리로 이동합니다. 창고에서 거실로 작업 도구를 옮기는 과정입니다. 그 다음은 이렇게 메모리에 옮긴 프로그램 정보 중 당장 처리할 정보를 우선으로 캐시라는 더 효율적인 공간으로 옮깁니다. 거실 안에 있는 작업용 테이블에 도구를 옮기는 과정이라고 보면 됩니다. 마지막으로 레지스터라는 가장 효율적인 공간으로 올라갑니다. 작업용 테이블에서 실제 작업을 위한 작업대에 작업할 도구를 올리고 작업하는 것입니다. 그러면 CPU는 최종적으로 레지스터의 정보를 처리하게 됩니다.

이때 중요한 점은 앞의 그림과 같이 프로그램의 정보가 위로 올라갈수록 정보를 옮기는 속도가 빨라진다는 것입니다. 즉, 캐시에서 레지스터로 정보를 옮기는 데에는 속도가 빨라 오래 걸리지 않지만, 하드 디스크에서 메모리로 정보를 올리는 데에는 속도가 느려 오래 걸립니다. 작업용 테이블에 있는 도구를 작업대로 옮기는 데는 팔만 움직이면 되지만, 창고에 있는 도구를 거실로 옮기려면 창고로 가서 도구를 들고, 거실로 가져오는 시간이 걸리는 것과 마찬가지입니다. 이때, 하드 디스크에서 메모리로 정보가 올라가는 과정을 정보를 적재한다는 의미로 로딩이라고 합니다.

[로딩]이라는 단어는 익숙할 겁니다. 게임을 좋아하는 분이라면 너무 잘 아는 표현인데, 게임에서 다음 단계로 넘어갈 때 [로딩 중]이라는 표시가 나오면서 시간이 걸리고, 이렇게 한번 로딩이 끝나면 그 이후부터는 빠르게 게임을 즐길 수 있습니다. 이때 컴퓨터나 휴대폰은 이전 게임 챕터의 정보를 메모리에서 없애고, 하드 디스크로부터 다음 챕터의 정보를 한번에 가져옵니다. 그리고 한 챕터를 진행하는 동안 속도가 느린 하드 디스크와의 정보 이동은 최소화하여 게임의 속도를 최대한 빠르게 유지하려는 목적으로 진행됩니다.

이 설명을 보면서 "내용이 재미있기는 한데 이걸 내가 왜 알아야 하지?"라고 생각할 수도 있는데, 설명을 하는 데에는 3가지 이유가 있습니다.

첫 번째는 이 지식이 개발 관련해서는 아주 기초적인 상식으로써, 개발자는 이 개념을 자연스럽게 머릿속에 두고 대화를 하기 때문입니다. 상대가 말하는 배경 지식을 알고 대화하는 것과 그것을 모르고 대화하는 것의 차이는 큽니다. 개발자와 대화할 때, 기본적인 프로그램 수행 과정을 이해하고 대화하면, 이해의 범위와 대화의 질이 달라집니다.

두 번째는 문제 상황이 발생했을 때, 이 지식을 바탕으로 문제에 대한 원활한 이해 및 대응이 가능하기 때문입니다. 이 부분은 뒤에서 자세히 설명하겠습니다.

마지막으로 어떤 개발을 하든지 반드시 필요하고 관리해야 하는 것이 서버이기 때문입니다. 서버는 결국 성능이 좋은 PC이며, PC와 프로그램 수행 과정을 확실히 이해하고 있다면 다양한 상황에 원활하게 대응할 수 있습니다. 예를 들어, 접속자가 갑자기 엄청나게 늘어나서 서버가 멈췄습니다. 왜 그럴까요? 오늘 배운 개념을 활용하면 쉽게 이해할 수 있습니다. 집에 손님을 초대했는데 거실에는 10명만 들어올 수 있습니다. 그런데 갑자기 손님이 100명 들어오는 상황이 발생한 것입니다. 그러면 그 집은 아무것도 할 수 없는 상태가 됩니다. 어떻게 해결해야 할까요? 거실에서 모든 손님을 강제로 내보내면 됩니다. 메모리를 강제로 비우는 것입니다. 이를 위해 개발자는 메모리가 가득 찬 서비스를 잠시 내렸다가 다시 올리는 행동을 합니다. 지금까지는 개발자가 이러한 행동을 하는 이유를 몰랐는데, 이제는 알게 되었고 근본적인 문제에 대한 해결책까지 생각할 수 있게 되었습니다. 같은 상황을 보면서 "그럼 서버에 메모리를 늘리거나 들어올 수 있는 접속 수에 제약을 걸어야 되겠다"라는 생각을 할 수 있게 된 것입니다. 즉, 기본을 알면 같은 현상을 봤을 때 더 잘 이해할 수 있습니다.

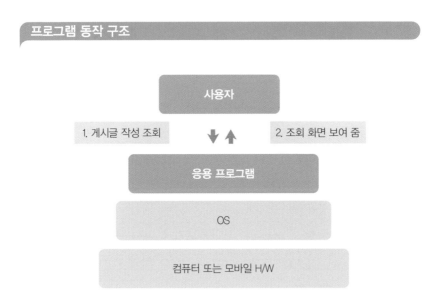

위의 그림을 보면, 맨 아래에 컴퓨터 또는 모바일 같은 H/W가 있고 그 위에 OS가 있습니다. 여러분이 알고 있는 윈도우가 OS입니다. OS는 H/W와 프로그램의 중간에서 동작을 관리하는 역할을 합니다. 그리고 그 위에 실제 우리가 개발하는 응용 프로그램이 설치되며, 사용자는 최종 설치된 응용 프로그램을 이용합니다. 일반적인 프로그램을 예로 들자면, 워드 등의 프로그램은 직접적으로 H/W와 OS 위에서 동작하지만, 카메라와 같은 특정 H/W 기능을 이용하진 않습니다. 하지만, 프로그램이 카메라와 같은 H/W 쓰게 되면 다음 그림과 같은 단계를 거칩니다.

사용자가 응용 프로그램의 카메라 ON 버튼을 누르면, 응용 프로그램이 OS 에 "OS야, H/W한테 카메라 좀 켜라고 전달해 줘"라고 요청합니다. 그러면 OS 는 H/W에게 "휴대폰아! 카메라 좀 동작시켜 줘"라고 합니다. H/W는 카메라를 동작시키면서 OS에게 "응, 카메라 동작시켰어"라고 말하고, 이번에는 OS가 응용 프로그램에게 "카메라를 동작했으니 이용해도 돼"라고 합니다. 마지막으로 응용 프로그램은 사용자에게 카메라가 켜진 화면을 보여 줍니다.

위의 두 가지 프로그램 동작 구조는 큰 차이가 없는 듯 보이지만, 관리 측면 에서는 상당히 큰 차이가 있습니다.

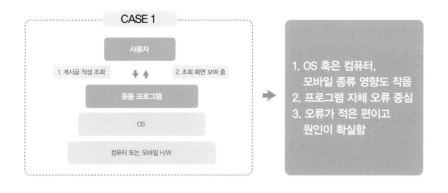

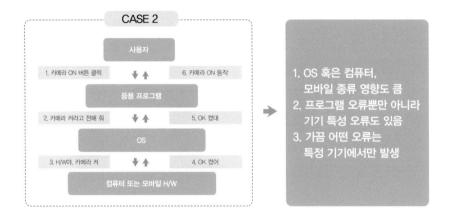

앞의 그림을 보면, CASE 1의 경우에는 실행되는 프로그램이 OS나 H/W의 영향을 적게 받습니다. 이 경우, 프로그램의 오류가 발생하면 프로그램 자체의 오류일 가능성이 높고, 프로그램의 오류만 보면 되기 때문에 혹시나 오류가 발생해도 찾기가 쉽습니다.

하지만 CASE 2의 경우는 OS나 H/W의 영향을 많이 받습니다. 그래서 실제 프로그램은 오류가 없어도 OS나 H/W의 문제로 정상적으로 동작하지 않을 수도 있습니다. 오류는 프로그램 자체의 오류 가능성과 함께 해당 프로그램이 설치된 사용자의 PC 혹은 휴대폰의 OS나 H/W의 문제로 발생할 수도 있습니다. 이런 경우 오류를 해결하기가 까다로워집니다.

오류가 발생하면, CASE 1은 개발한 프로그램을 우선 확인해야 하며, CASE 2는 프로그램과 함께 이용자의 PC나 모바일 OS 및 H/W 상황을 함께 체크해야 합니다. 이처럼 프로그램의 구조를 이해하면 특정 현상을 바라보는 시야가 넓어져 그에 따른 대응도 적절하게 할 수 있습니다.

만약 여러분이 개발하는 프로그램이 OS의 구성 요소를 많이 활용하지 않는다면, 오류가 발생하는 케이스가 줄어듭니다. 하지만 OS와 H/W을 적극적으로 사용하는 프로그램이라면, 당연히 오류의 케이스가 늘어납니다.

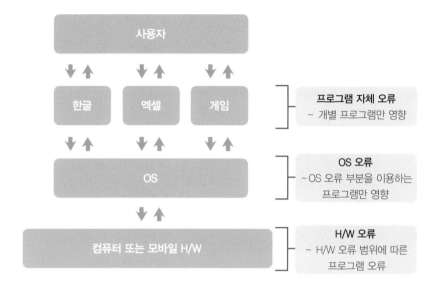

앱은 프로그램을 컴퓨터 또는 모바일에 직접 설치하여 동작하는 구조로, 프로그램에 따라서 H/W를 이용하지 않는 프로그램과 H/W를 이용하는 프로그램으로 구분됩니다. 앱에서는 대표적으로 2가지 오류 케이스가 발생합니다.

첫 번째, "다른 프로그램은 다 잘 동작하는데, 이 프로그램만 오류가 발생해요!" 이런 경우는 우리가 만든 프로그램 자체의 오류일 가능성이 높습니다. 다른 프로그램이 정상으로 작동된다면, OS 문제일 가능성은 적습니다. 하지만 적은 확률로 다른 프로그램에서는 잘 사용하지 않는 OS 구성 요소나 라이브러리를 우리 프로그램이 사용한다면, 여기서 문제가 발생할 가능성도 있습니다. 이런 경우에는 가능한 한 프로그램 자체의 오류가 아닌지를 우선적으로 자세히 확인해 볼 필요가 있습니다.

두 번째, "프로그램이 전체적으로 느린데, 이 프로그램은 실행이 아예 안 돼요." 이런 경우는 OS나 H/W의 문제일 가능성이 높습니다. OS나 H/W에 이상이 있기 때문에 다른 프로그램도 실행이 전체적으로 느릴 가능성이 높습니다. 이럴 때는 동일한 모바일이나 PC 환경에서 동일한 프로그램을 실행해 봐야 합니다. 동일한 환경에서 동작이 잘 된다면 사용자의 모바일이나 PC 환경의 문제를 의심하고, 동일한 환경에서 동작이 안 된다면 우리 프로그램이 잘못 만들어져 해당 환경에서 제대로 동작되지 않을 가능성을 염두에 두고 대응하여야 합니다.

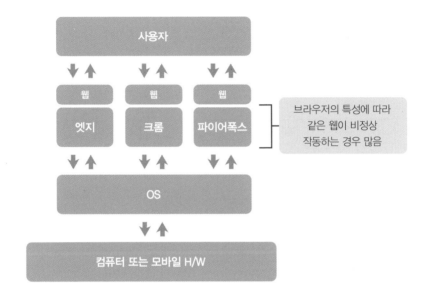

웹은 기본적으로 앱과 동일한 오류의 케이스가 발생합니다. 여기에 추가로 발생하는 오류 케이스가 바로 브라우저입니다. 위의 그림과 같이 웹은 브라우저를 통해서 동작하며, 같은 웹 페이지라고 하더라도 브라우저 특성에 따라 정상적으로 동작하지 않는 경우가 발생합니다. 따라서 사용자로부터 정상적으로 동작하지 않는다는 요청을 받으면, 우선 사용자가 이용하는 브라우저의 종류나 버전을 점검하고, 해당 환경에서 우리가 만든 웹 프로그램이 정상 동작하는지를 확인해야 합니다.

마지막으로, 개발자가 오류에 대해서 자주 하는 말들이 있는데 사례는 다음과 같습니다.

첫 번째, "우리 프로그램 문제가 아니라 사용자 기기의 문제에요." 이는 같은 환경의 다른 기기에서는 동작하는데, 특정 사람의 기기에서만 프로그램 동작이 안 될 때의 경우입니다. 이때는 사용자 쪽 기기의 문제를 의심해야 합니다.

두 번째, "우리 프로그램 문제가 아니라 특정 환경에서만 동작이 안 되는 거예요." 이는 대부분의 환경에서는 동작하는데 특정 환경에서만 동작이 안 될 때입니다. 이럴 때는 해당 환경에서 프로그램이 동작하도록 최대한 빠르게 만들어 주거나, 해당 환경이 너무 오래된 기기의 환경이라면 사용자에게 해당 사양의 기기에는 기능을 지원하지 않는다는 알림을 해 줘야 합니다.

세 번째, "우리 프로그램 문제가 아니라 다른 프로그램이랑 꼬인 거 같아요." 지금까지 잘 동작되다가 갑자기 동작이 안 되는 상황입니다. 가장 가능성이 높은 것은, 해당 모바일 혹은 PC에 프로그램이 사용하는 OS나 H/W에서 문제가 생긴 경우입니다. 이럴 때 가장 좋은 방법은 재설치입니다. 불필요한 프로그램 삭제 등 기본 조치를 한 후 해결이 되면 넘어가고, 해결이 되지 않는다면 같은 환경의 다른 기기에서 잘 작동되는 것을 확인 후, 사용자에게 프로그램의 문제가 아니라 기기의 환경 문제로 의심되니 기기 상태를 점검할 것을 안내합니다.

네 번째, "우리 프로그램 문제가 아니라 OS 버전 문제예요." 같은 기기인데 OS의 특정 버전에 따라 동작 문제가 발생한 경우입니다. 이때는 해당 OS가 우리가 지원하기로 한 OS 버전인지 확인해야 합니다. 맞다면 빠르게 오류 수정 조치를 취하고, 아니면 해당 OS를 지원하지 않음을 사용자에게 가이드해야 합니다.

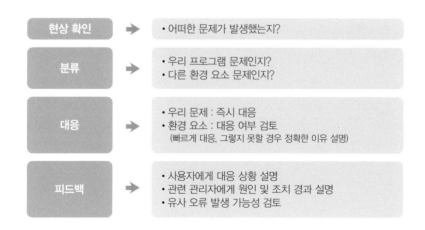

오류 상황을 많이 경험하지 않은 분들은 문제 발생 시 당황스러울 수 있습니

다. 문제가 발생했을 때의 대응 프로세스는 다음과 같습니다.

첫 번째, 현상을 명확히 확인해야 합니다. 오류가 발생한 프로그램의 현상, 고객의 모바일 환경(기종, OS) 등 필요한 정보를 정확히 확보하고, 오류를 확인합니다.

두 번째, 해당 현상이 우리 프로그램의 문제일 가능성이 높은지, 다른 환경 요소의 문제인지 빠르게 구분합니다.

세 번째, 분류에 따른 대응입니다. 프로그램 문제일 가능성이 높다면 신속하게 수정 처리를 해야 하고, 환경적인 요소의 문제라면 어떻게 대응할지를 검토해야 합니다. 해당 문제를 최대한 빠르게 해결하고, 만약 해결하지 않는다면 해당 환경은 서비스를 제공하지 않음을 사용자에게 명확한 근거를 들어 설명해야 합니다.

네 번째, 처리된 오류 상황에 대해서 사용자 및 관련자에게 모두 공유하여, 오류의 재발생 방지 및 대응 가이드를 준비합니다.

PART

04

실무 중심의 IT 용어

———

IT 현장에서는 다양한 IT 전문 용어가 사용됩니다. 인터넷으로 용어의 사전적 의미를 쉽게 찾을 수는 있지만, 실제 현장에서 사용할 때 사전적 의미와 다소 차이를 느끼거나 바로 적용하기 어려운 경우가 많습니다.

이번 파트에서는 실무에서 자주 사용하는 IT 용어와, 해당 용어가 현장에서 가지는 의미, 업무에 주는 영향을 정리하였습니다. 이 파트를 통해 IT 현장에서 자주 쓰는 용어를 미리 익히고, 업무에 적용할 수 있기를 바랍니다.

※ 본 용어집은 사전적인 의미가 아닌 저의 실무 경험을 바탕으로 정리한 것으로, 다소 주관적인 의견이 포함될 수 있음을 미리 말씀 드립니다.

IT 사업 관리 관련 용어

IT 사업을 관리하거나 관련된 업무 협의를 하면서 자주 나오는 용어들입니다. 해당 용어의 의미를 정확히 익혀 두면 업무 협의 및 진행에 큰 도움이 되는데, 이번 절은 이와 관련된 용어를 설명합니다.

IT 시스템 개선

용어	설명	영향도
개비	• 현재 운영 중인 시스템을 고치는 것 • 시스템은 유지, 고치는 사이즈가 작을 때	• 보통 일정이 여유 있게 잡힘
고도화	• 현재 운영 중인 시스템을 더 좋게 만드는 것 • 시스템은 유지, 고치는 사이즈가 클 때	• 보통은 일정이 여유 있으나 잘못 잡을 경우 빠듯
리뉴얼	• 기존 시스템을 새롭게 만드는 것 (보통 B2C[1] 기반 소규모 홈페이지 등에 사용) • 시스템 자체를 바꿈, 사이즈 작을 때 표현	• 보통은 일정이 여유 있으나 잘못 잡을 경우 빠듯
차세대	• 기존 시스템을 새롭게 만드는 것 (보통 B2B[2] 업무용 시스템 등에 사용) • 시스템 자체를 바꿈, 사이즈 클 때 표현	• 프로젝트 초반 여유 • 프로젝트 중반 바쁨 • 프로젝트 후반 죽음

---

[1] Business To Customer의 약어. 기업 대 고객, 보통 최종 유저가 고객인 경우를 말함

[2] Business To Business의 약어. 기업 대 기업, 보통 최종 유저가 기업인 경우를 말함

• 개비

한자로 [改備 : 고칠 개, 갖출 비]입니다. 현장에서는 현재 운영 중인 시스템을 고치는 것을 의미합니다. 단, 시스템을 크게 변경하는 것이 아니라 가볍게 고치거나 변경하는 사이즈가 작을 때 많이 사용합니다. 물론 사용하는 사람에 따라서는 규모와 상관 없이 변경되는 부분을 개비로 칭하는 경우도 있지만, 대체로 개비라는 용어는 소규모 변경을 의미합니다. 개비라는 용어를 사용해서 진행되는 개발은 개발의 범위와 공수가 어느 정도 구체적으로 파악되어, 보통은 작업 일정이 합리적으로 잡히는 경우가 많습니다.

• 고도화

고도화 역시 기존에 운영 중인 프로그램을 개선하는 의미를 가지고 있습니다. 이때 기존 기능의 보완이나 안정화 수준이 아닌, 새로운 필요에 의해 대대적인 개선을 한다는 의미로 많이 사용됩니다. 이 경우에도 보통은 개선하고자 하는 과제나 기능에 대한 어느 정도의 명확한 목표를 가지고 있어서 일정이 안정적으로 진행됩니다.

• 리뉴얼

리뉴얼은 기존 시스템을 유지하면서 보완하는 것이 아니라, 아예 새롭게 만드는 것을 말합니다. 보통 B2C 기반의 규모가 크지 않는 포털 사이트 등을 새롭게 만들 때 많이 사용합니다. 리뉴얼 프로젝트는 프로젝트 규모가 크지 않아서 대부분 일정이 무리하지 않게 잡히지만, 상황에 따라서는 힘든 프로젝트가 되는 경우도 있습니다.

• 차세대

리뉴얼과 동일하게 기존 시스템을 아예 새롭게 만드는 것을 말합니다. 리뉴얼이 B2C 기반의 소규모 작업을 말한다면, 차세대는 B2B 기반의 대형 프로젝트에서 많이 사용됩니다. 예를 들면 [은행의 업무 시스템 차세대 구축] 등과 같은 경우입니다. 차세대는 규모가 워낙 크기 때문에 사업의 구상 단계에서 정확한 개발 규모를 파악하기가 어려운 편으로, 프로젝트 초반에는 예상보다 분석 설계의 기간이 길어 여유 있고, 프로젝트 막바지에는 앞에서 지연된 일정을 맞추기 위해서 무리한 일정을 소화하는 경우가 많습니다.

IT 사업 구분

용어	설명	영향도
SI	• System Integration • 아무것도 없는 상태에서 시스템을 새롭게 만드는 것 • 수익 모델 : 인건비 기반	• 아무것도 없는 상태에서 인건비 기반으로 일하기 때문에 힘들 수밖에 없음
솔루션	• 고객이 원하는 것을 이미 만들어 놓은 프로그램 • 수익 모델 : 솔루션 비용 + 인건비	• 솔루션이 주요 기능이고 고객에 맞춰 수정만 하면 돼서 덜 힘든 편
웹 에이전시	• 웹 기반 디자인/기획 요소를 중요시하는 시스템 개발 • 보통 아무것도 없는 상태에서 시스템을 새롭게 구축	• 주인공은 기획/디자인 • 개발자는 보조 역할(SI보다는 나은 편)
SM	• System Management • 시스템을 유지 보수함	• 기존 시스템을 유지하는 거라 덜 힘든 편 • 개발 기술 정체 오기도 • 단. 업무 지식은 상승

• SI

[System Integration]의 약어로, 시스템 통합 개발을 의미합니다. 이 단어를 IT 현장에서 사용되는 의미로 바꾸면, [아무것도 없는 상태에서 시스템을 새롭게 만드는 개발]입니다. 즉, 고객이 원하는 것을 듣고 처음부터 시작하여 완성하는 개발입니다. 제로 베이스에서 요구 사항을 분석하고 설계하고 개발하다 보

니, 대부분 일정이 빠듯하게 진행됩니다. 수익 모델은 대부분 인건비를 기반으로 하고 있습니다. 즉, 같은 개발을 하더라도 인건비를 아끼면 수익이 더 생기므로 다소 힘든 프로젝트 진행 구조입니다. 하지만 가장 많은 개발 사업이 일어나는 분야라서 장점과 단점이 명확히 있습니다.

- **솔루션**

솔루션은 고객이 원하는 프로그램을 사전에 만들어 놓은 것을 말합니다. 솔루션 안에서도 종류가 다양하게 나뉘지만, 기본적으로는 솔루션을 고객에게 판매하고 고객이 솔루션의 기능을 사용하되, 일부 기능은 고객의 상황에 따라 변경 개발하는 형태의 프로젝트가 많습니다. 이런 변경 개발을 커스터마이징이라고 하며, 아무 것도 없는 상태에서 시작하는 SI에 비해서 개발 분량이 적고 무리하지 않은 편입니다. 하지만 SI보다 적용 범위가 좁고, 사업이 잘 되는 경우에는 문제가 없지만 솔루션 사업이 잘 되지 않는 경우에는 회사가 어려워지는 경우도 많습니다. 그리고 SI 개발자는 다양한 SI로 경력 인정이 되지만, 솔루션은 경우에 따라서 경력 인정에 제약이 생기기도 합니다.

- **웹 에이전시**

웹 에이전시는 SI와 동일하게 아무것도 없는 상태에서 고객이 원하는 것을 개발합니다. 다만, SI가 업무 시스템과 같이 기능 중심의 개발에 많이 사용된다면, 웹 에이전시는 홈페이지나 포털 사이트 등과 같이 일반 고객이 이용하는 것을 만드는 일을 합니다. SI와의 가장 큰 차이는 기획과 디자인을 중시하여, 고객이 더 예쁘고 더 편하게 이용할 수 있는 시스템을 만드는 것에 중점을 두고 있다는 점입니다. 그래서 기획과 디자인 파트가 중심이 되고 개발이 보조 역할을 하는 경우가 많습니다.

- **SM**

[System Management] 혹은 [System Maintenance]의 약어입니다. 기존에 SI, 솔루션 개발 등으로 구축된 시스템을 운영하는 일을 합니다. 새로운 것

을 계속 개발하기보다는 기존 시스템을 이해하고, 안정적으로 유지하고, 문제가 생기면 대응하는 개발을 합니다. 그러다 보니 개발의 지식이 SI나 솔루션에 비해서 상대적으로 덜 쌓이지만, 운영하는 시스템 업무에 대한 이해도는 높아지는 업무입니다.

참고로 SI 회사와 솔루션 회사를 수익 구조와 사업 수주 관점에서 비교하자면, 솔루션 회사의 수익 모델은 [솔루션 판매 비용 + 인건비]라서 인건비 중심의 SI 사업보다 좋은 수익 구조를 가집니다. 하지만 솔루션 회사는 특정 솔루션 혹은 특정 분야에 국한되어 있어서 SI 회사에 비해서 사업을 수주할 수 있는 확률이 떨어집니다. 즉, 솔루션 회사는 사업이 잘 되면 큰 수익 구조를 가져가지만, 사업이 잘 안 돼서 회사가 어려울 가능성도 큰 구조이며, SI는 수익 구조가 크게 좋지는 않지만 끊임없이 일을 수주할 수 있는 구조입니다.

입찰 방식

용어	설명	영향도
수의 계약	• 개발을 맡길 업체를 사전에 정하고 협상을 통해서 계약 진행	• 프로젝트 사이즈 작음 • 전략적 개발 파트너 혹은 용역 업체 관계일 때
경쟁 입찰	• 개발을 맡길 업체를 미리 정하지 않고 제안과 견적(비용)을 심사하여 업체 선정 후 계약	• 프로젝트 사이즈 큼 • 공정한 심사를 해야 할 경우
우선 협상 입찰	• 경쟁 입찰과 수의 계약의 중간쯤 • 경쟁 입찰 방식이지만 후보 업체를 미리 선정해서 그 중에서 경쟁	• 경쟁 입찰과 같은 상황이나 전문성이 필요한 경우(아무 SI 업체에 맡기지 못할 때)

• 수의 계약

　사업을 발주할 당시 경쟁 입찰이 아닌, 개발을 맡길 업체를 사전에 정하고 협상을 통해서 계약을 진행하는 방식입니다. 보통 민간 IT 사업에서 프로젝트의 규모가 작거나, 전략적인 개발 파트너 회사 혹은 용역 업체와 계약하는 방식으로 진행됩니다.

• 경쟁 입찰

　경쟁 입찰은 수의 계약과 반대 개념입니다. 사전에 개발을 맡길 업체를 선정하지 않고 사업을 발주하는 방식입니다. 사업 공고가 나오면 개발 업체들이 해당 공고를 보고 지원하여 제안서 작성 및 발표를 하고, 그 내용을 토대로 일을 잘 할 업체를 선정하는 방식입니다. 민간의 경우, 프로젝트 사이즈가 크거나 사업을 발주하는 기업이 큰 기업일 때 많이 이용하는 방식이며, 법 규제에 따라 의무화 혹은 자율화되기도 합니다. 공공의 경우는 기본적으로 경쟁 입찰을 합니다. 민간과 다른 점이라면, 민간은 사업을 발주한 업체가 입찰에 들어온 업체를 평가하여 선정하는 반면, 공공은 사업 발주 기관이 아닌 별도의 평가 그룹이 선정합니다.

• 우선 협상 입찰

　경쟁 입찰과 수의 계약의 중간 방식으로 이해할 수 있습니다. 기본적으로는 경쟁 입찰 방식이지만, 아무나 지원하는 것이 아닌 입찰에 참여할 후보 업체를 사전에 선정하고 선정된 우선 협상 업체 간의 경쟁으로 진행되는 방식입니다. 이 방식은 일반적인 개발보다는 특별한 솔루션이나 전문적인 기능 개발을 필요로 할 때, 일반 개발사가 아닌 해당 분야의 전문업체 간 경쟁을 통해 좋은 업체를 선정하기 위해서 자주 사용하는 방식입니다.

용어	설명	영향도
투입 공수	• 투입될 개발 인력의 양(숫자)	• PM이 산정하는데, 이때 잘못 계산하면 죽음의 프로젝트
M/M (맨먼스)	• 특정 개발을 위해 투입될 인력의 수 • 투입 공수의 단위로 이해	• 워낙 많이 쓰는 말이니 알아두길
턴키 방식	• 처음부터 끝까지 네가 다 책임져 계약	• 책임이 큰 만큼 이익도 큼 • 그만큼 힘듦
턴키 아닌 경우 (일반 계약 방식)	• 개발하는 데 몇 명을 얼마 기간 동안 투입하는 형식	• 투입된 기간 동안 열심히만 하면 됨 • 나중에 책임도 적음

• **투입 공수**

시스템을 개발하거나 구축하기 위해서 투입되어야 하는 인력의 양을 의미합니다. 시스템 구축을 위해서 얼마나 많은 인력이 투입되어야 하는지 묻거나 설명할 때 사용하는 용어로, "이번 프로젝트에 투입되는 공수는 얼마나 될까요?"라고 물어보면 "대략 80M/M(맨먼스) 정도 예상됩니다"라고 답합니다. 답변에서 M/M이라는 용어가 나오는데 이는 아래에서 설명하겠습니다. 참고로 이러한 투입 공수는 시스템을 구축 관리할 PM이나 개발 리더-PM 간 협의를 통해서 산정하는 것이 일반적이며, 얼마나 정확히 산정하고 고객과 합리적으로 협의하느냐에 따라 프로젝트가 안정적 혹은 어렵게 시작될 수 있습니다.

• **M/M**

맨먼스라고 읽으며, 투입 공수를 수치로 나타내기 위한 단위입니다. 간단하게 신규 개발 예를 통해서 알아보겠습니다.

- PM 1명이 5개월 ⇒ 1X5 ⇒ 5M/M
- 기획자 1명이 2개월 ⇒ 1X2 ⇒ 2M/M
- 개발자 3명이 4개월 ⇒ 3X4 ⇒ 12M/M

여기서 투입 공수는 가장 오른쪽 숫자인 5+2+12=17M/M입니다. 그리고 읽을 때는 "이번 프로젝트에는 총 17맨먼스 정도 투입이 예상됩니다"라고 합니다.

• 턴키 방식

현장에서 프로젝트에 대해서 문의하거나 얘기할 때, "이번 프로젝트는 턴키 방식이죠?"라는 얘기를 많이 합니다. 턴키 방식은 프로젝트의 시작부터 끝까지 계약한 회사에서 모두 책임을 지는 방식입니다.

• 턴키가 아닌 경우

대표적인 예로 용역 공급 방식의 계약이 있습니다. 턴키가 프로젝트를 모두 책임지는 거라면, 용역 공급은 해당 업무를 할 인력을 약속된 기간만큼 투입하는 것으로 책임이 끝납니다.

턴키 방식과 일반 용역 공급 방식의 차이를 보면, 턴키는 프로젝트가 크고 계약의 대표가 되는 업체가 책임을 져야 하는 경우 진행되는 방식입니다. 책임이라는 말에서 나오는 어려움이 있지만, 잘 수행할 경우 기회 수익이 많이 발생할 수 있습니다. 용역 공급은 일할 사람을 보내고 그 인력이 열심히 일을 하기만 하면 됩니다. 상대적으로 위험 부담이 없기 때문에 투입 인력의 비용만으로 수익을 얻는 방식입니다. 간단한 유지 보수 개발이나 운영 업무 등을 하기 위한 계약 방식에 사용됩니다.

IT 고객 관련 용어

IT 사업 관리를 하면 당연히 고객과 소통을 해야 합니다. IT 업무를 요청하는 고객이 사용하는 용어의 개념을 고객과의 의사소통에 도움이 되도록 정리하였습니다.

고객 제안

용어	설명	영향도
RFI (Request for Information)	• 신규 도입할 시스템에 대한 기능 요청서 • 고객이 도입할 시스템에 대해 모를 때, 이를 전문으로 하는 업체에 주요 기능을 알려 달라고 하는 것	• 고객이 갑질하는 건가? 본인들의 시스템 기능을 을한테 달라 하는 거라고?
RFP (Request for Proposal)	• 구축할 시스템의 주요 기능 정의서	• 사업을 따기 위해 제일 중요한 정의서
RFQ (Request for Quotation)	• 견적 요청서	• 요청하는 가격을 적절히 계산하는 기술이 실력
제안서	• 시스템 구축을 위한 공식 제안 문서 • 회사 정보, 기술력, 구축 방안, 비용 등 포함	• 사업을 따기 위해 제일 중요 • 모두가 하나되는 순간(영업/관리/개발)
견적서	• RFQ에 대한 회신 • 요구한 시스템에 대한 금액 산정	• 최대한 많이 받되 경쟁 업체와 유사 혹은 적게

• RFI

Request for Information의 약어입니다. 고객이 새로운 시스템 구축 혹은 도입을 준비할 때, 해당 시스템이 어떤 기능을 가지고 있는지를 파악하기 위해서 전문 업체에게 필수 기능을 문의하는 요청서입니다. RFI를 쓰는 이유는, 고객이 새로운 시스템의 필요성을 느껴서 개발을 하려고 하는데 해당 시스템에 대한 전문 지식이 없어서 사업을 발주할 조건을 찾기 어려울 때, 이러한 시스템을 만드는 전문 회사에게 "저희가 이번에 A시스템을 도입하려는데, 필요한 요구 사항을 정리 및 전달해 주시기 바랍니다"라고 요청하는 것입니다. 얼핏 생각하면 고객의 이러한 요구는 요구를 받는 회사 입장에서는 불합리한 요청으로 보일 수도 있습니다. 하지만 RFI는 아무 회사에나 보내는 것이 아니라, 우선적으로 시스템 계약을 하고자 하는 우선 협상 업체들에게 보냅니다. 이것을 받은 업체는 기본 기능 외에 자신들이 강점으로 가지는 기능 등을 어필하여, 고객 입장에서는 모르는 기능 정보를 확인하고 공급 업체 입장에서는 새로운 사업에 대한 영업의 우선 협상 기회를 갖는, 상호 간에 WIN-WIN이 되는 방식입니다. 만약 어느 고객사로부터 RFI를 받으면 우리 회사가 우선 협상 혹은 우선 검토 대상이 된 것이므로, 우리 회사나 솔루션만이 가지고 있는 핵심 기술과 경쟁 기술을 RFI에 잘 녹여서 회신하여 계약 수주에 있어 유리한 상황을 만들고자 노력해야 합니다.

• RFP

Request for Proposal의 약어로, 제안 요청서라고도 합니다. 고객사에서 사업을 발주할 때 "우리는 이러이러한 기능을 가진 시스템을 도입 혹은 구축하려고 합니다"라고 정의해 놓은 문서입니다. 공급 업체는 RFP를 분석하여 사업 참가 여부를 판단하고, 사업에 참가하겠다는 의사 결정을 하면 RFP 기능을 얼마만큼의 투입 인력과 어떠한 기술로 구축할지 분석하여 입찰에 참가합니다. RFP는 [사업의 개요, 구축 목표, 필요 기술, 제안을 위한 목차 가이드, 참가 자격 등] 업체의 제안과 선정에 필요한 모든 내용을 정리하여 만듭니다.

- **RFQ**

  Request For Quotation의 약어로, 견적 요청서라고도 합니다. 고객사에서 구축하고자 하는 시스템을 얼마에 만들 수 있는지 금액 견적을 요청하는 문서입니다. RFP에 함께 포함하는 경우도 있고, 사업의 성격에 따라 입찰 금액을 별도의 견적 요청서를 통해서 등록하는 경우도 있습니다.

- **제안서**

  RFP에 고객이 명세한 사업 요건을 분석하여, "우리는 당신이 요구한 시스템을 어떠한 방식을 이용하여, 어떠한 구조로, 어떠한 일정으로, 얼마 정도의 비용으로 구축하겠습니다"라고 정리하여 제안하는 문서입니다. 고객은 이 제안서를 보고 공급 업체를 평가하여 선정합니다. 이 과정에서 제안서를 문서로만 보내는 것이 아니라, 제안 발표라는 별도의 발표 과정을 진행하기도 하며, 제안 발표를 위해 기존 제안서의 일부를 발표 자료로 작성합니다. 제안서가 200장이면, 발표 자료는 30장 정도로 [사업의 개요, 자사 소개, 구축 방안 및 전략, 일정 계획 등]의 핵심만 모아서 정리하는 것이 일반입니다.

- **견적서**

  RFQ에 대한 회신으로, 해당 시스템을 구축하는 비용을 상세하게 정리해서 고객에게 전달하는 문서입니다. 견적서에는 통상 [회사 정보, 비용 총액, 비용 상세 금액(인건비, 솔루션비, 장비비 등)]을 정리하여 제출합니다. 견적서 작성은 매우 중요한 작업으로, 회사 입장에서 최대한 많이 받되 다른 업체와의 경쟁에서 밀리지 않을 만한 금액을 산정하는 것이 가장 중요합니다.

용어	설명	영향도
현업	• 고객사의 직원으로 일하는 모든 업무 담당자	• 싸우면 안 되고 친해지면 좋은 사람
실무 담당자	• 현업보다 좀 더 좁은 의미의 업무 담당자 • 나랑 만들어야 할 시스템의 실제 업무 담당자	• 프로젝트 진행과는 관계가 적으나 진행을 위해 필수
TFT (Task Force Team)	• 특정 업무를 수행하기 위해 꾸려진 팀	• 기본 용어이니 영문 약자까지 외워 두길
현업 TFT	• 시스템 구축이라는 목표를 가지고 현업 담당자들로 구성된 TFT 팀	• 현업 측 주요 의사 결정 • 실무 담당과 다리 역할 • 실무 담당과 업무 일정 조율
IT 기획팀 (사업팀 등)	• 고객사에서 IT 사업을 관리하는 팀 • 다양한 이름으로 존재(IT 전략팀, IT 기획팀, IT 사업팀 등)	• 가장 밀접하게 일하는 조직

• **현업**

보통 [현업] 혹은 [현업 담당자]라고 부르는데, 고객사에서 직원으로 일하는 모든 직원을 말합니다. 일을 효과적으로 하기 위해서는 현업 담당자와 좋은 관계를 유지하는 것이 좋습니다.

• **실무 담당자**

현장에서는 통상 현업 담당자와 실무 담당자를 동일한 의미로 사용하기도 합니다. 현업 담당자가 전체 고객사 직원을 대표하는 말이라면, 실무 담당자는 실제 업무적으로 관계가 있는 사람을 말하며, 시스템을 구축하는 입장에서는 구축될 시스템을 사용할 업무 담당자를 말합니다. 시스템을 구축하는 데 적극적으로 의견을 내기도 하지만, 보통은 소극적으로 의견을 내거나 이용에 대한 피드백 또는 테스트 등을 지원합니다.

- **TFT**

  Task Force Team의 약어로, 특정 업무를 수행하기 위해서 만들어진 팀이라는 의미입니다. TFT는 다양한 분야에서 많이 사용되는 단어이므로 꼭 기억하길 바랍니다.

- **현업 TFT**

  수행사가 시스템을 개발하는 조직이라면, 현업 TFT는 만들 시스템이 성공적으로 구축되도록 고객사의 현업 직원들을 모아 둔 팀입니다. 구축할 시스템에 대한 요구 사항을 받기 위해 직접 의견을 내거나, 의견을 낼 실무 담당자를 연결해 주거나, 프로젝트 수행 중 실무 담당자와 일정을 잡는 등 진행 중 발생한 이슈를 고객 입장에서 해결하는 역할을 합니다. 프로젝트를 진행하는 수행사 입장에서는 고객사의 현업 TFT는 가장 중요한 멤버입니다.

- **IT 기획팀**

  고객사에서 IT 사업을 관리하는 팀입니다. 일반적으로 IT 기획팀이라는 용어를 많이 쓰는데, IT 전략팀, IT 기획팀, IT 사업팀 등 다양한 명칭으로 불립니다. 이 팀은 보통 IT 시스템 구축을 위한 발주와 관련된 모든 업무, 신규 시스템 구축 프로젝트 진행 시 고객사 측면의 IT 업무를 지원하는 것이 기본 업무입니다. 예를 들면, 현재 우리 회사는 물류 관리 업무가 수작업 형태로 진행돼서, 물류 관리 시스템을 도입해야 한다는 [기획] 및 내부 보고를 통한 [IT 개발 의사 결정]을 하고, 해당 시스템 구축에 대한 [발주 및 업체 선정]을 합니다. 그리고 선정된 업체와 프로젝트 진행 시 구축할 시스템의 [H/W 및 인프라 관련 지원]부터 [중요 의사 결정 중재] 등 다양한 역할을 합니다. 현업 TFT가 가장 중요한 역할이라면, IT 기획팀은 중요함과 동시에 밀접하게 일을 하는 조직입니다.

용어	설명	영향도
레거시	• 단순하고 정확한 표현은 오래된 시스템	• 말 그대로 오래된 시스템을 말함
기간계 시스템	• 회사 사업과 관련된 업무 시스템 (판매/구매 시스템, 재고 관리 시스템 등)	• 그 회사에 돈을 버는 업무
그룹웨어	• 여러 명이 협동하여 일을 하도록 만든 S/W • 회사 직원들의 업무 소통을 위한 시스템 (직원 관리, 사내 메일, 메신저, 결재 등)	• 업무의 효율성을 높임
MIS (Management Information System)	• 경영을 위한 정보 시스템(인사 관리, 급여 관리, 예산 관리, 회계 관리 등) • 통합 관리는 아님	• 실제로는 MIS와 ERP를 혼용해서 씀 • 실무적인 이유로 10명 중 9명이 헷갈려 함
ERP (Enterprise Resource Planning)	• 전사적 자원 관리 시스템 • 회사에서 쓰는 모든 시스템의 통합 (MIS+자재 관리, 물류 관리, 판매 관리 등)	

• 레거시

레거시 혹은 레거시 시스템이라고 많이 쓰이며, 오래된 시스템을 말합니다. 어떤 시스템이든 오래되면 레거시라고 부릅니다. 상당히 많이 사용되는 용어이므로 개념을 꼭 이해합니다.

• 기간계 시스템

레거시와 더불어 많이 사용되는 용어입니다. 고객사의 핵심 사업과 관련된 업무를 처리하는 시스템을 말합니다. 물건을 사고 파는 업체라면 물건 판매 및 구매 관리하는 시스템을 말합니다. "우리 기간계 시스템이 노후화되어서 새롭게 바꿔야 해!"라는 식으로 쓰이는데, 이것은 "지금 우리 회사의 메인 업무 시스템이 노후화되어서 새롭게 바꿔야 해!"라고 해석하면 됩니다.

현장에서 [레거시]와 [기간계 시스템]을 혼용하는 경우가 생각보다 많습니다. 대부분 업무를 하는 시스템을 기간계라고 부르는데, 이 기간계 시스템은 한 번 구축하면 오랜 기간 이용합니다. 시스템이 오래되면서 이것을 레거시라고 부르게 되는데, 이런 용어를 처음 접하는 사람들은 기간계 시스템이 오래돼서 레거시라고 부르는 줄 모르고, 기간계 시스템 자체를 레거시라고 생각하는 경우가 많으니 이에 주의합니다.

• 그룹웨어

회사에서 일을 할 때 여러 명이 협력하여 일을 할 수 있도록 도와주는 시스템입니다. 직원 관리, 근태 관리, 사내 메일, 메신저, 결재 등 업무를 효율적으로 할 수 있도록 도와줍니다.

• MIS

Management Information System의 약어입니다. 영문 해석 그대로 경영을 위한 정보를 관리하는 시스템입니다. 인사, 급여, 예산, 회계 등 회사를 경영하는 데 필요한 시스템입니다.

• ERP

Enterprise Resource Planning의 약어입니다. 영문을 해석하면 전사적 자원 관리 시스템이라는 뜻으로, 상당히 광범위한 기능을 포함하는 시스템을 말합니다. 회사 전체에서 운영을 위해 필요한 모든 자원을 관리하는 시스템으로, MIS를 포함하여 자재 관리, 물류 관리, 재고 관리, 판매 관리 등을 말합니다.

MIS와 ERP는 범위가 다르지만, 실제 현장에서는 명확한 구분 없이 사용되는 경우가 많습니다. 비즈니스적인 이유 때문입니다. MIS 솔루션 업체가 성장하면서 기능을 더해 자신들의 시스템을 ERP로 포장하는 경우, ERP 회사라고 생각해 해당 회사에 들어가 보면 MIS에 가까운 솔루션 소개가 있고 이것을 처음 접한 사람들은 이를 ERP라고 생각하게 되는 것입니다.

용어	설명	영향도
BI (Business Intelligence)	• 비즈니스 인텔리전스 • 기업에서 효율적인 의사 결정을 할 수 있도록 개선하는 것	• 예전 DW 기반 정보 분석 • 최근 빅데이터, AI 기반 의사 결정 지원
PI (Process Innovation)	• 프로세스 혁신 • 현재 고객사의 업무, 시스템의 상태를 진단하고 IT적인 개선 계획을 세우는 것	• 보통 특정 분야를 콕 집어서 • 상세하게 단기적으로
ISP (Information Strategy Planning)	• 정보 전략 수립 • IT 관점에서 그 회사의 시스템에 대한 진단후, 향후 발전시켜야 할 방향성을 잡는 것	• 전자적인 계획 수립 • 좀 더 굵직하고 장기적으로
IT 컨설팅	• BI, PI, ISP 혹은 기타 전문 IT 업무 컨설팅 • IT 시스템을 도입하기 전 상세하게 업무 정리를 하는 목적	• 규모가 있는 솔루션이나 SI 프로젝트는 보통 사전에 IT 컨설팅을 받고 진행

• BI

Business Intelligence의 약어입니다. 영문 그대로 해석하면 비즈니스를 지적으로 하는 것입니다. 실제 현장에서 쓰이는 의미는 기업에서 사업 관리나 의사결정을 효율적으로 할 수 있도록 개선하는 것을 말합니다. 다른 시스템이 급여 지급, 물건 구매 등과 같이 실제 업무 처리를 목적으로 만들어진다면, BI를 위한 시스템은 실제 업무 처리 기능을 제공하지 않습니다. 업무 처리 결과를 분석하여 통계를 내거나, 사업 전략을 위한 정보를 확인하고 의사 결정을 지원하는 시스템입니다. 대표적으로 다각도로 다양한 통계 분석을 할 수 있는 OLAP 솔루션, 의사 결정을 지원하는 빅데이터 기반 AI 등이 이러한 BI를 위한 솔루션 혹은 시스템의 사례입니다.

• PI

Process Innovation의 약어입니다. 영문 그대로 해석하면 처리 절차를 혁신하는 것입니다. 현재 고객사가 하는 업무, 시스템의 상태를 진단하고 IT를 통해 더 효율적인 업무를 할 수 있도록 개선하는 계획을 세우는 것입니다. 예를 들어 원자재 유통 회사의 경우, 유통과 관련된 업무를 기존에 엑셀 등 수기 작업으로 했다면, PI를 통해서 유통 관리 시스템을 구축할 수 있으며, 유통 관리 시스템은 어떤 기능을 가지고 있어야 하고, 어떠한 프로세스로 처리되도록 만들어야 한다는 등의 계획을 상세하게 정리하는 것입니다.

• ISP

Information Strategy Planning의 약어입니다. 정보 전략 계획이라는 의미입니다. 이 용어는 PI와 콘셉트가 비슷합니다. IT 관점에서 고객사를 전체 진단 후, 현재 업무나 프로세스 중에서 IT를 통해서 개선해야 할 사항들이 무엇인지 계획을 세우는 것입니다. PI와의 차이는, PI는 특정 시스템에 국한하여 그 시스템을 상세하게 구축하는 전략을 수립하는 것이라면, ISP는 장기적인 안목으로 올해는 A 시스템, 내년에는 B 시스템을 계획하고 10년 후에는 이런 시스템을 도입해서 개선해야 한다는 식의 장기적인 IT 시스템 구축 전략 계획을 세우는 것입니다. 이를 위해서 고객사에 구축해야 할 시스템이 무엇이며, 업무를 어떤 식으로 개선해야 하는지 등을 정리합니다. 구축할 시스템의 기능 정의는 나오지만, PI 수준의 상세한 정보를 내지는 않는 편입니다.

• IT 컨설팅

IT 컨설팅은 말 그대로 고객사의 IT 관련 업무를 전문 컨설턴트가 진행하는 것입니다. BI, PI, ISP 등의 업무를 하는 것이 IT 컨설팅이며, 이러한 업무를 하는 전문가를 IT 컨설턴트라고 합니다.

용어	설명	영향도
정량 평가	• 결과를 수치화할 수 있는 평가	• 몇 % 매출 향상에 기여 등
정성 평가	• 결과를 수치화할 수 없는 평가(숫자로 표현 불가능한 것을 수치화하는 능력 필요)	• 자기야 나 얼마만큼 사랑해? ⇒ 하늘만큼 땅만큼 (X) ⇒ 최고의 사랑이 100이라면 100만큼 사랑해
KPI (Key Performance Indicator)	• 평가를 위한 지표 • 시스템 도입과 관련해서는 도입 후 개선되는 항목을 말함	• KPI를 잘 선정하면 평가도 잘 받을 수 있음
ROI (Return On Investment)	• 투자수익률	• 시스템을 도입하면 좋아지는 것에 대해 늘 염두에 두고 있어야 함

• 정량 평가

"이번에 개선된 성과를 정량적인 평가 기준으로 보고할 수 있을까요?"라는 식으로 사용됩니다. 이때 [정량적]은 숫자(수치)로 표현할 수 있는 것을 의미합니다. 예를 들면 고객사에서 신규 판매 시스템을 도입하는 경우, 시스템 도입 전의 매출과 도입 후의 매출을 비교해서 성장률을 추출하거나, 고객 포털 리뉴얼을 통해서 기존에 접속하던 고객들보다 리뉴얼 이후 접속자의 수나 접속 빈도가 높아졌다는 것을 숫자로 표현하는 것을 말합니다. DAU(Daily Active User), WAU(Weekly Active User), MAU(Monthly Active User) 등이 정량적인 평가 기준입니다.

• 정성 평가

"이번에 도입한 시스템은 정량적으로 평가가 어려우니, 정성적인 평가 기준으로 도입 효과를 나타낼 수 있을까요?"라는 식으로 사용됩니다. 예를 들면, 업무 시스템을 새로 도입하는 경우, 이 시스템은 내부적으로 업무를 잘 할 수 있도록 만든 시스템이므로 전반적인 업무 효율은 좋아질 수 있지만, 갑자기 판매 실적이 오른다거나 고객이 많이 접속하는 것은 아닙니다. 이런 경우 실제 도입 효과를 정량적으로 표현하기 어려운데, 이때 숫자로 표현이 불가능한 것을 평가 혹은 효과로 나타낼 때 정성 평가를 사용합니다. 이때, "무조건 이런 점이 개선되어서 좋아집니다"라고 하는 것보다 "기존에 이런 문제점, 저런 문제점이 있었는데, 이렇게 저렇게 개선되었으며, 실제 이용자가 해당 업무를 하는 데 기존에는 100의 노력을 했으면, 현재는 10의 노력 정도로도 업무 처리가 가능합니다"라는 식으로 좋아진 내용에 대해 구체적으로 정리하고, 정리된 결과에 따른 효과를 기존과 비교해 최소화된 정량적 표현을 쓰는 것이 효과적입니다.

- **KPI**

    Key Performance Indicator의 약어로, 평가를 위한 지표를 말합니다. "이번 시스템 도입에 따른 KPI를 무엇으로 하면 좋을까요?"라는 식의 질문을 받을 수 있으며, 이때 "고객의 매출보다 접속자 및 접속량의 증가를 가져오는 시스템이니 KPI(평가 지표)를 DAU, WAU, MAU로 하는 것이 좋겠습니다"라고 답변할 수 있습니다. KPI는 도입되는 시스템의 종류에 따라서 매출, 순이익, 이용자 증감률 등 다양한 지표가 있습니다. 또한 시스템 도입 성과뿐만 아니라, 직원 인사 평가, 기업의 사업부별 실적 평가 등 다양한 분야에서 평가의 지표로 이용됩니다.

- **ROI**

    Return On Investment의 약어입니다. 해석 그대로 투자 대비 돌아오는 것, 즉 투자 수익률을 말합니다. "이번 시스템 도입에 비용이 얼마만큼 들어갔으니, 그에 해당하는 ROI가 나오도록 잘 구축 바랍니다"라는 식으로 사용됩니다. 높은 투자금으로 시스템을 도입했으니, 시스템을 운영하는 동안 해당 투자에 대한 효과를 보게 해 달라는 말입니다. 이 경우, 즉시 매출에 기여해 결과를 보이는 시스템도 있지만, 업무 시스템 개선 등은 즉시 매출이 아니라 업무자 효율을 향상시키는 시스템이기 때문에 내부에서 소모되는 판관비 절감이나, 업무 효율 증가에 따른 새로운 효과를 통해서 정량화하는 경우가 많습니다.

커뮤니케이션

용어	설명	영향도
아삽[ASAP] (As Soon As Possible)	• 가능한 한 빨리	• 아삽으로 요청받았다고 무조건 빨리 주거나 대응하면 곤란함
AS-IS vs TO-BE	• AS-IS : 지금은 이렇게 하고 있는데 • TO-BE : 앞으로 이렇게 하면 해결	• 시스템 도입을 통해 해결되는 부분을 설명할 때 자주 나오는 말
피드백	• 협의한 것에 대해 결과를 돌려주는 것 • 바로 대답하지 않고 고민 후 답을 주는 사안	• "네, 오늘 협의한 거 내부 검토 후 피드백 드릴게요."
컨센서스 (Consensus)	• 의견이 일치하는 것이라는 용어 • 특정 대기업에서 많이 사용	• 컨센서스가 이루어졌으니 = 협의가 되었으니

• 아삽(ASAP)

As Soon As Possible의 약어입니다. 고객이 어떤 업무 요청을 할 때, 언제까지 해야 하는지 물어보면 "아삽이요"라고 하는 경우가 있습니다. 이는 As Soon As Possible 해석 그대로 가능한 빨리 해 달라는 의미입니다. 고객이 아삽으로 해 달라고 요청할 때, 명확한 대응 일정이 없는 상태라면 가능한 한 빨리 작업을 하되 무리하게 할 필요는 없습니다. 종종 무리하게 빨리 대응을 해 주면 고객은 그 대응 시간이 당연하다고 인지하고 이후로도 동일하게 무리한 일정을 요청할 가능성이 높아지기 때문입니다.

• AS-IS vs TO-BE

IT 시스템 구축에서 "AS-IS(현재)는 시스템이 이렇게 불편한데, TO-BE(앞으로는, 시스템 구축 후에는) 시스템이 이렇게 편해집니다"라고 표현합니다. 보통 제안 자료, 착수/중간/종료 보고 등 주요 보고 자료에 상당히 많이 나오는 표현이며, 고객과 대화할 때도 "AS-IS에서 문제가 되었던 이 사안을 TO-BE에서 어떻게 개선하기로 했죠?" 등과 같이 사용합니다.

• 피드백

IT 분야에서만 사용되는 용어는 아니지만, IT 개발에서는 다양한 요청, 요청에 따른 기획, 기획에 따른 개발 등 다양한 분야의 사람과 소통하며 이에 따른 결과를 제대로 전해 주는 것이 중요합니다. 이런 협의나 요청에 대해 검토 후 그 결과를 전달해 주는 경우에 많이 사용되는 표현입니다.

• 컨센서스

이 용어는 의견이 일치하는 것이라는 의미입니다. 실제로 많이 쓰지는 않는 표현인데, 특정 대기업에서 이 용어를 자주 사용합니다. 좀처럼 이루어지지 않는 어려운 협의를 겨우 이끌어 내었을 때 사용하는데, "이 문제를 계속 협의하지 못하고 있다가, 이번에 컨센서스를 이루었으니 잘 진행해 주시기 바랍니다"와 같이 사용됩니다.

프로젝트 계획 단계 용어

IT 프로젝트가 시작되고, 전체 진행에 대한 계획 단계에서 나오는 용어입니다. 이번 절부터는 개별 용어에 대해서 용어 정의, 설명, 업무 영향도를 상세히 설명하겠습니다.

WBS(Work Breakdown Structure)

용어	설명	영향도
WBS (Work Breakdown Structure)	• 계획적인 프로젝트 진행을 위해 업무를 상세히 분할하고, 분할된 각 업무를 일정대로 정리(업무, 담당자, 진행 기간 등)	• 초반에 향후 개발에 대한 상세 분석이 나오면 좀 더 디테일하게 정의

WBS	Stage	Step	Task	2depth	3depth	4depth	산출물	담당자	시작일	완료일
1	A회사 Mobile 전자문서 Project									
1.1	개상 전체 일정									
1.1.1	분석	전체 일정 수립						홍길남자25	2016-07-11	2016-07-15
1.1.2		전자문서 시스템						홍길남자25	2016-07-25	2016-08-11
1.1.2.1			A사 현업 미팅					홍길남자25	2016-07-25	2016-07-25
1.1.2.1.1				1차 미팅 (KICK-OFF)				홍길남자25	2016-07-25	2016-07-25
1.1.2.1.2				2차 미팅 (문서확정)				홍길남자25	2016-07-28	2016-07-28
1.1.2.1.3				3차 미팅 (프로세스)				홍길남자25	2016-08-02	2016-08-02
1.1.2.1.4				4차 미팅 (전자관리시스템)				홍길남자25	2016-08-04	2016-08-04
1.1.2.1.5				5차 미팅 (POS연계방안)				홍길남자25	2016-08-11	2016-08-11
1.1.3		전자 업무시스템						홍길남자25	2016-07-25	2016-08-11
1.1.3.1			A사 협업 미팅					홍길남자25	2016-07-25	2016-07-25
1.1.3.1.1				1차 미팅 (KICK-OFF)				홍길남자25	2016-08-02	2016-08-02
1.1.3.1.2				2차 미팅 (1차 개발사항)				홍길남자25	2016-08-04	2016-08-04
1.1.3.1.3				3차 미팅 (신규 개발사항)				홍길남자25	2016-08-04	2016-08-04

Work Breakdown Structure라는 용어의 약어입니다. 위키 사전을 보면 업무 분업 구조라고 번역하고 있으나, 통상 현장에서는 WBS로 부릅니다. WBS 는 IT 프로젝트의 성공적인 수행을 위해서 진행할 업무(Work)를 상세하게 분리하고(Breakdown), 작업 일정에 따라서 구조화(Structure)하고, 여기에 작업별 목표 일정, 진척도, 수행 일정, 담당자, 단계별 산출물 등을 정리하여 프로젝트를 통합적으로 관리하는 문서입니다. 하지만, 현업 담당자 및 많은 사람들이

WBS를 단순한 시스템 진행 일정표 정도로 이해하고 말하는 경우가 많으니 참고합니다.

WBS는 사업을 관리하는 PM이나 PM 역할을 하는 기획자에게는 가장 중요한 문서입니다. WBS는 보통 PM이 작성하지만, 해당 WBS에 대한 확정 및 변경은 PM이 임의로 하는 것이 아니라 고객사와의 협의를 통해서 합니다. 이는 작업 일정을 목표로 했는데, 상황에 따라 일정을 조정하는 경우가 발생할 수 있기 때문입니다. WBS 변경은 고객사와 구축사 양쪽의 명확한 사유를 토대로 협의하여 진행하는 것이 보통입니다.

간트 차트(Gantt Chart)

용어	설명	영향도
간트 차트 (Gantt Chart)	• WBS에 정의된 업무를 바 형태의 차트를 이용하여 한눈에 진행 관리 하는 것	• 간트 차트는 일정 관리를 위한 차트 형태의 도구일 뿐 • 간트 차트와 WBS를 같은 것으로 착각하지 않도록 주의

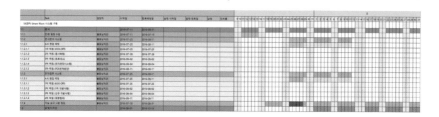

위키 사전을 보면 간트 차트는 프로젝트 일정 관리를 위한 바 형태의 도구라고 설명되어 있습니다. 앞서 WBS에는 목표 일정, 진척도, 수행 일정 등이 표시된다고 했습니다. 하지만 WBS 이미지를 보면 모두 글자와 숫자로 표현되어 있어서 어디가 순조롭고 어디가 지연되는지를 쉽게 파악하기가 어렵습니다. 이러한 불편함을 보완하기 위해서 WBS의 다양한 내용 중 일정에 대한 정보를 별도

로 분리하여 그림과 같이 바 형태의 차트로 전환해서, 목표 일정은 파란색, 정상 수행 일정은 초록색, 지연은 노란색, 이슈 및 위험은 붉은색으로 표시합니다. 그러면 지금 진행 중인 일과 순조로운 부분 및 문제가 있는 부분을 한눈에 파악할 수 있습니다. 간트 차트를 사용하는 목적 중 하나는 WBS에 익숙하지 않은 고객과 함께 진척 상황에 대한 보고나 검토를 할 때, 고객이 내용을 쉽게 이해할 수 있도록 하는 데 있습니다.

그리고 현장에서 종종 WBS와 간트 차트가 같은 것이라고 생각하거나, 간트 차트를 보고 WBS라고 말하는 경우가 있습니다. 상황에 따라 WBS 대신 간트 차트만으로 일정을 관리하는 경우도 있긴 하지만, 기본적인 용어의 의미는 확실하게 이해하고 사용하는 것이 좋습니다.

마일스톤(Milestone)

용어	설명	영향도
마일스톤 (Milestone)	• 프로젝트 진행을 위해 반드시 거쳐야 하는 중요한 단계로, 해당 단계의 일정을 지키기 위해 노력해야 함	• 마일스톤을 관리하는 방법은 사람마다 다름

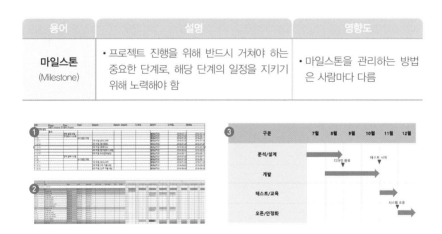

마일스톤은 위키사전에서 프로젝트 진행 과정에서 특정할 만한 사건이라고 표현하고 있습니다. WBS가 전체 일정을 상세히 정리한 문서라면, 마일스톤은 이러한 계획 중 중요한 몇 가지 업무 단계를 말합니다. 예를 들면 [착수/중간/종

료 보고], [테스트 시작 시점], [오픈 시점]처럼 프로젝트 진행 가운데 중요한 업무를 마일스톤이라고 하며, 진행이 잘 되고 있는지 판단하는 이정표 같은 역할을 합니다. 즉, 마일스톤은 중요 업무라는 개념이지, 특정한 산출 문서를 말하는 것이 아닙니다. 이러한 마일스톤은 보고나 소통 시 고객에게 알려 주기 위해서 앞의 그림과 같이 다양한 방식으로 표시합니다.

주요 보고 용어

IT 프로젝트에서 진행 중 보고는 중요한 업무 중 하나입니다. 이번 절에서는 보고의 종류와 해당 보고를 하는 방식까지 다루며, 단순히 용어에 대한 이해를 넘어 해당 보고를 진행하는 데 필요한 정보까지 설명합니다.

착수 보고

용어	설명	영향도
착수 보고	• 프로젝트 시작 시 진행과 관련된 모든 관계자를 모아서 프로젝트 진행에 관련된 주요 사항을 보고하는 것	• 시작을 알리는 의미 • 프로젝트 관계자에게 앞으로 원활한 도움을 얻기 위한 목적이 큼

착수 보고 주요 사항	보고할 때는	보고 후에는

착수 보고 주요 사항

모든 관계자와 프로젝트 개요 공유
(개념, 목적, 이점 등)

구축 내용에 대해 사전 설명
(나중에 엉뚱한 말을 하지 않도록)

전체 진행 일정 공유
(간략한 일정에 대한 동의 확인)

관계자들의 업무 협조 요청
(협업 담당자, 임원, TFT 등)

보고할 때는

앞으로 누구는 이렇게 하고 누구는 저렇게 할 계획입니다.

네, 잘 부탁합니다!

PM / 고객

보고 후에는

자, 식당이 예약되어 있으니 빠짐 없이 참석 바랍니다.

여러분, 앞으로 잘 부탁해요.

고객 / PM

착수 보고는 프로젝트를 시작할 때, 진행과 관련된 모든 사람들을 모아 두고 프로젝트 진행에 관련된 주요 사항을 공유하는 보고입니다. IT 프로젝트의 시작을 여는 중요한 보고입니다. 착수 보고는 기본적으로 4가지 주요 내용이 들어가는 것이 좋습니다.

첫 번째, 프로젝트 개요입니다. 이번에 어떤 시스템을 만들고, 어떤 것이 개선되고, 앞으로 어떻게 해야 하는지를 모든 관계자에게 간단히 설명합니다.

두 번째, 구축 내용에 대한 사전 설명입니다. 착수 보고와 같은 중요 보고는 정보를 공유하는 의미도 있지만, 증빙의 의미를 내포합니다. 추후 고객의 변덕에 대비할 수 있도록, 착수 시점에 이런 것을 이런 방식으로 개발하기로 했다는 중요 내용을 꼭 포함해야 합니다.

세 번째, 전체 작업 일정 공유입니다. 착수 보고를 통해서 프로젝트에 대해 처음 상세히 보고받는 관계자와 전체 일정이 어떻게 되는지, 언제쯤 어떤 일이 진행되는지 공유해야 합니다.

네 번째, 가장 중요한 내용입니다. 각각의 이해 당사자가 어떤 업무를 어떻게 도와주고 협업을 해야 하는지를 설명해야 합니다. 복잡한 프로젝트의 경우에는 다양한 현업 담당자가 있는데, 착수 보고에서 각 담당자에게 언제쯤 무엇을 도와줘야 하는지를 명확히 알려 주면 향후 진행에 많은 도움이 됩니다.

코로나 이후로, 착수 보고 후의 별도 회식 자리나 식사 자리를 갖는 문화가 줄었지만, 이전에는 착수 보고 후 기본적으로 회식 자리를 가졌습니다. 향후 다시 복귀될 수 있는 문화인데, 저는 PM의 관점에서 회식 자리를 중요하게 생각합니다. 이 자리에서 이해관계자들과 식사를 하며 거리감을 좁히고 친분을 쌓아두면, 이후 업무 협조에 큰 도움이 되기 때문입니다.

용어	설명	영향도
중간 보고	• 프로젝트 기획이 끝나는 시점 즈음에 다시 관계자들을 모아서 진행 상황을 공유하는 보고	• 진행 중간에 확인을 하는 의미 • 서로 협의한 사항을 확인하고 말을 바꾸지 말자는 체크

중간 보고 주요 사항	보고할 때는	보고 후 질의 응답
기획된 시스템의 주요 정보 공유	자, 이렇게 저렇게 진행 계획되었습니다. (나 분명 이렇게 진행한다? 나중에 딴소리하지 마)	이슈 사항이 있어요! 네, 있으면 지금 말해 주세요.
상세 일정 공유	PM　고객	고객　PM
주요 이슈 사항 공유		

중간 보고는 말 그대로 프로젝트 진행 중간에 하는 보고입니다. 보통 고객의 요구 사항을 받아서, 시스템의 설계/기획이 완료될 즈음에 진행합니다. 착수 보고와 달리, 진행되는 내용에 대해서 상세하게 보고하는 것이 좋습니다. 고객 입장에서는 진척 상황을 보고 받는 자리이지만, PM 및 기획자 입장에서는 고객과 협의된 내용을 확인하는 자리이기도 합니다. 협의한 사항을 중간 보고에 남기고 공유하여, 이후 발생할지도 모르는 고객의 변덕에 대응할 수 있는 준비를 하는 것입니다. 중간 보고도 기본적으로 3가지 내용이 들어가야 합니다.

첫 번째, 기획된 시스템에 대한 주요 정보 공유입니다. 착수 보고가 무엇을 만들지에 대한 내용 중심의 보고였다면, 중간 보고는 그것을 어떻게 만들기로 했다는 내용이 주를 이룹니다.

두 번째, 상세 일정 공유입니다. 착수 보고는 상세한 업무 협의 전이라서 개략적인 일정만 공유되는데, 중간 보고는 남은 주요 일정에 대해서 상세하게 공유하는 것이 좋습니다.

세 번째, 주요 이슈 사항 공유입니다. 설계 도중 발생한 이슈와 해결 결과를 공유해야 합니다.

중간 보고에서는 고객과 협의 사항이 무엇인지를 확실하게 서로 공유하고, 보고 이후에는 질의 응답을 통해서 정리함으로써, 이슈 및 문제에 대한 상호 간의 협의점을 찾고 확정하는 것이 중요합니다.

완료 보고

용어	설명	영향도
완료 보고	• 프로젝트가 완료되고, 최종 완료된 사업 진행에 대한 보고	• 착수 보고나 중간 보고는 보고가 중심 • 완료 보고는 프로젝트의 진행 결과가 중심

완료 보고 주요 사항
- 구축된 업무 내용에 대한 보고
- 진행 일정에 대한 리뷰 보고
- 진행 중 발견된 이슈 공유

프로젝트가 잘 되었을 때
- 이렇게 저렇게 했습니다. 다들 고생하셨고 감사합니다. (PM)
- 너무 고생하셨어요! 짝짝짝 (고객)

프로젝트가 잘 안되었을 때
- 이렇게 저렇게 했습니다. 그런데 이런 문제가 어쩌구 저쩌구… (PM)
- 뭐라구요? 지금 우리 탓? 프로젝트 팀이 잘못한 거죠! (고객)

완료 보고는 프로젝트가 완료된 시점에 진행하는 최종 보고입니다. 완료 보고는 3가지 내용을 공유합니다.

첫 번째, 구축된 시스템에 대한 내용 공유입니다. 프로젝트 기간 동안 최종적으로 시스템을 어떻게 구축했는지 그 결과를 공유하는 것입니다.

두 번째, 진행 일정에 대한 리뷰 보고입니다. 착수 시점부터 지금까지 어떻게 진행되었는지 리뷰하고, 상황에 따라 남은 일정이 있는 경우 해당 일정을 공유합니다.

세 번째, 프로젝트 진행 중에 발생한 주요 이슈나 협의 내용이 최종적으로 어떻게 처리되었는지 확인합니다.

완료 보고는 종료 보고라고 하기도 합니다. 완료 보고는 착수 보고나 중간 보고와 큰 차이가 있는데, 바로 보고 내용보다 구축 결과가 중요하다는 것입니다. 착수 및 중간 보고는 프로젝트가 진행 중인 상황이기 때문에 보고 내용 자체가 중요합니다. 하지만 종료 보고는 프로젝트가 성공적으로 진행되었을 경우에는 보고가 미흡해도 웃으면서 보고할 수 있지만, 프로젝트가 실패하였을 경우에는 아무리 보고를 잘해도 풀어 가기가 쉽지 않습니다.

참고로 IT는 다양한 사업이 있기 때문에, 보고의 내용이나 핵심 등은 사업 성격에 따라 전혀 다르게 적용될 수도 있다는 점을 참고합니다.

주간 보고

용어	설명	영향도
주간 보고	• 매주 정해진 일자에 TFT 혹은 현업 관리자들과 함께 한 주 진행에 대한 업무 보고	• 진행 상황 보고는 기본 • 중요한 것은 아래 두 가지 　- 주요 결정 사항 확인 및 결정 　- 주요 이슈 사항 공유 및 대안 수립

주간 보고 주요 사항	주요 결정 사항	주요 이슈 사항

주간 보고 주요 사항
- 한 주 동안 진행된 업무 보고
- 결정이 필요한 사항에 대한 공유 (빠른 결정 유도)
- 주요 이슈에 대한 공유 (문제가 커지기 전에 해결)
- 보고 결과는 관계된 모든 이에게 매일 공유 필수

주요 결정 사항

PM: 구매팀 담당자 업무 지원이 안 돼서 분석이 늦어지고 있습니다.

고객: 애 알겠습니다. 제가 내일까지 일정 잡고 지원하도록 만들게요.

주요 이슈 사항

PM: 결제 기능이 처음 계획보다 너무 커져서 기존 개발 공수만으로는 어렵습니다.

고객: 최초 계획 대비 늘어난 내용에 대해 상세히 알려 주시면 검토하겠습니다.

　　주간 보고는 프로젝트 진행 중 [고객]과 [수행사]의 업무 책임자 혹은 실무자가 모여서 한 주간 진행된 결과와 차주간 진행할 업무를 보고하는 작업입니다. 수행사는 PM이 보고서 작성 및 보고를 진행하고, 기획자나 개발 리더 등이 참석합니다. 고객사는 프로젝트를 위해 구축된 TFT가 있다면 TFT가 참석하고, TFT가 없다면 주요 업무 책임자들이 참석합니다. 주간 보고는 단순히 진척 결과 및 예정에 대한 보고가 아니라, 매주 진행 중 발생한 다양한 이슈, 협의 사항 등을 논의하는 자리입니다. 그래서 보고가 끝나고 나면 주요 협의 사항을 정리한 보고 결과서를 별도로 메일 등으로 공유하는 것이 일반적입니다. 물론 상황에 따라서 매주 공유하기보다는 주요 결정 사항이 있을 때만 공유하기도 합니다. 중요한 것은 중요 결정 사항은 반드시 메일로 정리하여 관계자들과 공유해야 한다는 것입니다.

개발자와의 협업을 위한 IT 필수 지식

1판 1쇄 발행 2023년 08월 31일
1판 2쇄 발행 2024년 06월 15일

저   자 | 최선신
발 행 인 | 김길수
발 행 처 | (주)영진닷컴
주   소 | (우)08507 서울특별시 금천구 가산디지털1로 128
             STX-V 타워 4층 401호
등   록 | 2007. 4. 27. 제16-4189호

ISBN | 978-89-314-6951-6